Friedrich Spenz

Die syntaktische Behandlung des achtsilbigen Verses in der

Passion Christi

und im Leodegar-Liede mit besonderer Berücksichtigung der Cäsurfrage

Friedrich Spenz

Die syntaktische Behandlung des achtsilbigen Verses in der Passion Christi
und im Leodegar-Liede mit besonderer Berücksichtigung der Cäsurfrage

ISBN/EAN: 9783743416802

Hergestellt in Europa, USA, Kanada, Australien, Japan

Cover: Foto ©Thomas Meinert / pixelio.de

Manufactured and distributed by brebook publishing software
(www.brebook.com)

Friedrich Spenz

Die syntaktische Behandlung des achtsilbigen Verses in der

Passion Christi

AUSGABEN UND ABHANDLUNGEN

AUS DEM GEBIETE DER

ROMANISCHEN PHILOLOGIE.

VERÖFFENTLICHT VON E. STENGEL.

LXVII.

DIE

SYNTAKTISCHE BEHANDLUNG

DES ACHTSILBIGEN VERSES

IN DER PASSION CHRISTI UND IM LEODEGAR-LIEDE

MIT BESONDERER BERÜCKSICHTIGUNG DER CÄSURFRAGE.

VON

FRIEDRICH SPENZ.

Marburg.

N. G. Elwert'sche Verlags-Buchhandlung.

1887.

Inhaltsübersicht.

Grundzüge des bei der Darstellung der Verssyntax beobachteten Schemas.

Durch den metrischen Einschnitt werden getrennt:

A. Sätze (Caes. §§ 13—65, Vsschl. 228—287, Asspschl. 329—357, Strschl. 361—370):

  I. Zwei verschiedene Satzganze (Caes. 13—18, Vsschl. 228—237, Asspschl. 329—336, Strschl. 361—366):

    1) selbständig neben einander stehend (Caes. 13—16, Vsschl. 228—235, Asspschl. 329—335, Strschl. 361—366).

    2) eine Parenthese und der sie umschliessende Satz (Caes. 17—18, Vsschl. 236—237, Asspschl. 336, Strschl. —).

  II. Teile eines Satzganzen (Caes. 19—65, Vsschl. 238—287, Asspschl. 337—357, Strschl. 367—370):

    A) Sätze, welche einander weder koordiniert noch subordiniert sind (Caes. 19—23, Vsschl. 238—240, Asspschl. —, Strschl. 367).

      1) ein oder mehrere elliptische Sätze und ein vollständiger (Caes. 19—21, Vsschl. 238, Strschl. 367).

      2) Teile einer Satzperiode (Caes. 22—23, Vsschl. 239—240, Strschl. —).

    B) Sätze, welche einander koordiniert sind (Caes. 24—34, Vsschl. 241—257, Asspschl. 337—338, Strschl. —):

      1) zwei elliptische Sätze (Caes. 24, Vsschl. —, Asspschl. —).

      2) zwei vollständige Hauptsätze (Caes. 25—26, Vsschl. 241—243, Asspschl. 337).

      3) zwei zusammengezogene Hauptsätze (Caes. 27—32, Vsschl. 244—253, Asspschl. —).

      4) zwei Nebensätze (Caes. 33—34, Vsschl. 254—256, Asspschl. 338).

    C) Sätze, welche einander subordiniert sind (Caes. 35—65, Vsschl. 258—287, Asspschl. 339—357, Strschl. 368—370):

      1) direkte Rede und der dieselbe einführende Satz (Caes. 35—40, Vsschl. 258—262, Asspschl. 339—343, Strschl. 368—369).

      2) Hauptsatz und Nebensatz (Caes. 41—65, Vsschl. 263—287, Asspschl. 344—357, Strschl. 370).

B. einzelne Satzteile (Caes. 66—227, Vsschl. 288—328, Asspschl. 358—360, Strschl. —):

  I. Satzteile, welche einander weder koordiniert noch subordiniert sind (Caes. 66—73, Vsschl. —, Asspschl. —).

II. Satzteile, welche einander koordiniert sind (Caes. 74—83, Vsschl. 289, Asspschl. 358).

III. einander subordinierte Satzteile (Caes. 84—227, Vsschl. 290—328, Asspschl. 359—360):

A. von denen jeder eigenen Ton besitzt (Caes. 84—216, Vsschl. 290—328, Asspschl. 359—360):

1) Satzteile, welche durch einen Zwischensatz oder durch die einleitende Konjunktion des Satzes, welchem sie angehören, geschieden sind. (Letztere Art der Trennung findet sich nur bei der Cäsur) (Caes. 84—94, Vsschl. 290—298, Asspschl. 359—360):

2) Satzteile, welche nicht auf die eben angegebene Weise von einander geschieden sind (Caes. 95—216, Vsschl. 299—328. Asspchl. —):

I. Der metrische Einschnitt fällt mit einer Appositionspause zusammen (Caes. 95—101, Vsschl. 299—305).

II. Der metrische Einschnitt fällt nicht mit einer Appositionspause zusammen (Caes. 102—216, Vsschl. 306—328):

1) Der den Schluss des ersten metrischen Gliedes einnehmende Satzteil steht nicht in direkter grammatischer Beziehung zu dem ersten betonten Satzteil des zweiten metrischen Gliedes (Caes. 102—155, Vsschl. 306—321):

(A) vollständige Satzglieder (Caes. 102—141, Vsschl. 306—321).

(B) Teile eines Satzgliedes (Caes. 142—155, Vsschl. —).

2) Der den Schluss des ersten metrischen Gliedes einnehmende Satzteil steht in direkter grammatischer Beziehung zu dem ersten betonten Satzteil des zweiten metrischen Gliedes, ist aber von demselben durch tonlose Partikeln, welche letzteres beginnen, getrennt (Caes. 156—171, Vsschl. 322—323):

(A) vollständige Satzglieder (Caes. 156—170, Vsschl. 322—323).

(B) Teile eines Satzgliedes (Caes. 171, Vsschl. —).

3) Beide Satzteile beziehen sich direkt auf einander und sind nicht durch andere Wörter getrennt (Caes. 172—216, Vsschl. 324—328).

(A) vollständige Satzglieder (Caes. 172—200, Vsschl. 324—328).

(B) Teile eines Satzgliedes (Caes. 201—216, Vsschl. —).

B. zwei Satzteile, von denen sich der eine proklitisch oder enklitisch an den andern anlehnt (Caes. 217—227, Vsschl. —, Asspschl. —).

1] **W**ill man die historische Entwickelung des poetischen Formgefühls der Franzosen erforschen, so ist es unerlässlich, auch die französische Verssyntax, in welcher sich eine wesentliche Seite desselben abspiegelt, in ihrem historischen Verlaufe zu verfolgen. Dieser nimmt um so mehr unser Interesse in Anspruch, als die Art der syntaktischen Versgliederung ein bedeutsames Moment ist für das Gepräge gewisser Perioden der französischen Poesie. Die Geschichte der französischen Verssyntax bildet somit einen wichtigen Teil der historischen französischen Metrik. Eine genaue Darstellung derselben besitzen wir zur Zeit noch nicht; eine solche wird sich erst dann geben lassen, wenn alle Perioden in Bezug auf ihre Verssyntax einzeln untersucht sind.

Während nun die Syntax des neufranzösischen Verses häufig Gegenstand der Forschung gewesen ist, hat die des altfranzösischen bisher erst wenig Beachtung gefunden. Wir besitzen über dieselbe ausser T o b l e r s Darstellung (»Vom französischen Versbau»« 22—28, 82, 96—104, 124—127) erst zwei Untersuchungen :

> R e i s s e r t, Die syntaktische Behandlung des zehnsilbigen Verses im Alexius- und Rolands-Liede«, Ausg. u. Abhandl. aus dem Gebiete der roman. Phil. XIII, und
>
> O t t e n, Über die Cäsur im Altfranzösischen« I, Greifswalder Dissertation, 1884.

Nachstehende Arbeit, die sich mit den ältesten im Achtsilber geschriebenen Denkmälern:

> »Die Passion Christi« und »Der heilige Leodegar«

beschäftigt, will einen weiteren Beitrag zur Erforschung der altfranzösischen Verssyntax liefern. Sie verfolgt insbesondere den Zweck, in diesen Gedichten das Vorhandensein eines principiell markierten Ictus auf der vierten Silbe des Verses nachzuweisen und die syntaktische Bedeutung der durch denselben hervorgerufenen Cäsur darzulegen.

Zwar hat O t t e n (a. a. O.) die Cäsur des Leodegar-Liedes bereits mit in den Kreis seiner Betrachtung gezogen; aber er lässt sich gar nicht auf die Frage ein, ob die Annahme derselben berechtigt ist oder nicht. Auch vermag seine Darstellung der altfranzösischen Cäsursyntax kein klares Bild von der eigentümlichen Natur der Cäsur des Achtsilbers zu gewähren, da er, so weit dies aus dem bisher veröffentlichten Anfang seiner Untersuchung ersichtlich, alle mit einer Cäsur versehenen Versarten, die sich in Bezug auf Cäsurstärke natürlich verschieden verhalten, durcheinander behandelt. Eine Specialbetrachtung der Verssyntax der beiden obengenannten Denkmäler dürfte um so nützlicher erscheinen, als sich aus ihr auch neue Kriterien für die Textkritik ergeben, welche bei der hohen sprachlichen Wichtigkeit dieser Gedichte nicht ohne Wert sind.

2] Für die beiden Texte habe ich den von Stengel (Ausg. u. Abh. XI) besorgten Abdruck zu Grunde gelegt, habe aber nicht versäumt, die von Koschwitz (»Les plus anciens monuments de la langue française«, 4te Aufl., Heilbronn 1886) aufgeführten, sowie die von Stengel im Wörterbuch (Ausg. u. Abh. I) gemachten Besserungsvorschläge zu Rate zu ziehen, so weit die Syntax des Verses in Frage kommt oder die metrische Form verdorben ist.

3] Die metrische Gliederung unserer Gedichte ist folgende: Sie sind beide strophisch gebaut. In der Passion (= Pas.) besteht jede Strophe aus 4, im Leodegar (= Le.) aus 6 paarweise assonierenden achtsilbigen Versen. Der Ausgang derselben ist in Le. immer männlich, in Pas. auch zum Teil weiblich. Während die Assonanzen des Le. rein französisches Gepräge tragen (cf. G. Paris, Romania I, ⸲p. 273 ff.), zeigt Pas., welche als provenzalische Überarbeitung eines französischen Originals anzusehen ist, ausser französischen Assonanzen auch solche, welche nur im Provenzalischen richtig sind, und solche, die nur dann gleichen Assonanzvokal haben, wenn das eine Assonanzwort in französischer und das andere in provenzalischer Fassung auftritt (hybride Assonanz) (cf. Diez, Jahrb. f. rom. u. engl. Sprache u. Litt. VII, 361 ff.). Da ich die Reconstruction des französischen Originals für unmöglich halte, so lege ich in Pas. auch auf die Verse Wert, in denen provenzalische oder hybride Assonanzen vorliegen.

4] Was nun die innere Gliederung des Verses anbetrifft, so ist zunächst zu konstatieren, dass abgesehen von wenigen Ausnahmen, die weiter unten aufgeführt sind, die vierte Silbe entweder einen Accent trägt (was in Pas. in 91,89 %, in Le. in 91,25 % der Verse der Fall) oder die letzte eines weiblich ausgehenden Wortes ist (Pas. 6,38 %, Le. 6,25 %).

5] Die auf Grund dieses Sachverhaltes von G. P a r i s (»Etude
sur le rôle de l'acc.« 128 Anm., Romania I, 292 ff. und II, 295 ff.)
und T e n B r i n k (»Conjectanea in histor. rei metr.« S. 25)
ausgesprochene Ansicht, dass der Achtsilber unserer Denkmäler
eine Cäsur in der Mitte aufweise, wird von T o b l e r (a. a. O.
S. 94) angefochten:

»Die vierte Silbe . . . des . . . Verses ist in der Mehrzahl der
Fälle betont und die letzte eines Wortes . . . .; aber daneben
fehlt es doch auch an solchen nicht, welche trotz der Be-
tonung der vierten eine Cäsur hinter derselben nicht erlauben,
da die vierte nicht die letzte des Wortes ist . . . . . ., und an solchen, in denen die vierte tonlos, dagegen die dritte betont ist.
. . . . Da nun auch von denen der ersten Kategorie viele so
beschaffen sind, dass der Zusammenhang der Rede eine Unterbrechung nicht erlaubt, so erscheint es sehr fraglich, dass auch
für die älteste Zeit die Cäsur im achtsilbigen Verse mehr als
das Ergebnis des Zufalls, oder besser mehr als etwas aus der
Natur des Verses und der Sprache ungesucht und ungewollt
Hervorgehendes gewesen sei.«

Otten lässt sich, wie schon oben bemerkt, nicht auf diese
Frage ein; er sagt einfach, Le. (Pas. wird von ihm nicht untersucht) habe »fast regelmässig durchgeführte Cäsur nach der
vierten Silbe, gleich viel, ob letztere betont oder unbetont ist«
(cf. Otten a. a. O. S. 4).

Prof. Stengel vertritt in seinen Vorlesungen die Ansicht,
dass wir in unseren Gedichten zwar eine Cäsur anzunehmen
haben, dass diese aber, wie man aus der Häufigkeit der lyrischen
und schwachen und der Abneigung vor der epischen Cäsur
(s. § 6) schliessen müsse, ganz anderer Art sei als in Versen
grösseren Umfangs. Während in letzteren sich die Cäsur als
eine Naht zwischen zwei zu einer Langzeile verbundenen Kurz-
zeilen darstelle, sei die Cäsur im Achtsilber nur ein rhytmischer
Schnitt innerhalb einer Kurzzeile, der sich aus der prinzipiellen
Markierung des Ictus auf der vierten Silbe ergebe [*]).

Dieser Ansicht schliesse ich mich an, und ich werde weiter
unten darzuthun versuchen, dass eine solche Cäsur in unseren
Gedichten keineswegs eine zufällige ist.

6] Ist die den Ictus markierende vierte Silbe die letzte eines
Oxytonon, so ist die Cäsur die g e w ö h n l i c h e (Pas. 389 Fälle
= 75,24 %, Le. 192 Fälle = 80 %).

---

[*]) Da Tobler für den inneren Bau französischer Verse kein anderes
bestimmendes Princip anerkennt als die Silbenzahl und die Cäsur (cf.
a. a. O. S. 81: »Gleichwohl ist nun nicht für jede Art von Versen« etc.«),
so leugnet er, wenn er letztere dem Achtsilber unserer Gedichte abspricht,
auch die prinzipielle Markierung des Ictus auf der vierten Silbe.

Ist sie die letzte eines Paroxytonon, so haben wir die l y r i s c h e
Cäsur (Pas. 33 Fälle = 6,38 %, Le. 15 Fälle = 6,25 %).
Trifft der Ictus der vierten Silbe die betonte Silbe eines
nicht oxytonen Wortes*), so ergiebt sich die s c h w a c h e
Cäsur (Pas. 87 Fälle = 16,83 %, Le. 33 Fälle = 13,75 %).
Ausser diesen drei Arten von Cäsuren, die durch den Ictus
der vierten Silbe entstanden sind, findet sich in Pas. ab und zu
auch eine Cäsur, die eine Versnaht repräsentiert und daher wohl
aus Versen grösseren Umfangs auf den Achtsilber übertragen sein
muss, nämlich die e p i s c h e C ä s u r; sie tritt nach der fünften
unbetonten, nicht zählenden Silbe ein. (4 Fälle, nämlich 8d,
16 d, 62 c und 67 b = 0,77 %).

A n m e r k u n g. Diese Zahlen weichen von denen, welche G. P a r i s,
Rom. I, 294 ff. u. II, 295 f. giebt, teilweise ab.
Le. hat nach ihm 189 gewöhnliche und 18 lyrische Cäsuren. Die Abweichung erklärt sich dadurch, dass ich in den drei Versen:
sa gratia | li perdonat 8 d; *si l'adorent | por tot ovist* 15 d; *occidere |
lo commandat* 37 d
die in der Cäsur stehenden Latinismen beibehalte und demgemäss gewöhnliche Cäsur annehme.
Für Pas. giebt P a r i s folgende Zahlen: 389 gewöhnliche, 88 schwache,
30 lyrische, 5 epische und 5 fehlerhafte Cäsuren.
Warum die Zahlen zum Teil von den meinigen abweichen, ergiebt sich
aus dem Folgenden. Unter den lyrischen Cäsuren fehlen bei P a r i s die Verse:
*chi per hun(u)a**) | confession* 76 c; *si l'adorent | cum redemptor* 104 d;
deglo(di)dicent | pentecostem 119 c.
Einmal führe ich, wo P a r i s die lyrische Cäsur des Textes beibehält:
Dunc li vestent | son vestiment (: escarnid) 64 b der Assonanz wegen
schwache Cäsur ein: *dunc li vestirent son vestit* (cf. S t e n g e l a. a. O. S. 227).
Dagegen nehme ich ein anderes Mal, wo P a r i s schwache Cäsur herstellt:
[et] *lo mels signa deitat* 111 d lyrische Cäsur an: *lo mels signa | [sa]
deitat* (cf. Anhang XI). Die beiden letzten Fälle haben jedoch auf die
Gesamtzahl der lyrischen und schwachen Cäsuren keinen Einfluss, da sie
sich gegenseitig komponsieren.
Dass die Zahl der epischen Cäsuren bei P a r i s um 1 grösser ist als
bei mir, hat darin seinen Grund, dass er in 100b durch Umstellung eine
epische Cäsur einführt, während ich die verderbte handschriftliche Lesart
ungeändert lasse.
G. P a r i s hätte unter den Versen mit epischer Cäsur auch Vers 101a,
der in der Hs. »Sus en la peddre l'angel set« lautet, aufführen sollen,
da er *li* für l' schreibt. Die Differenz für die schwachen
Cäsuren lässt darauf schliessen, dass er denselben den Versen mit schwacher Cäsur zugezählt hat, Ich stelle mit S t e n g e l (Wörterbuch S. 155)
gewöhnliche Cäsur her, indem ich l' durch *uns* ersetze.
Als fehlerhaft bezeichnet G. P a r i s 27 d, 57 a, 66 c (nicht 66 d), 58 d
und 61 a. Ich rechne dazu noch 105 d, sowie 100 b, streiche aber 27 d, 58 d,
66 c, welche ich den Versen mit gewöhnlicher Cäsur zuzähle. In 58 d
trenne ich *laisar ei* nach provenzalischer Weise.

---

*) Dasselbe ist, abgesehen von *exercite* Le. 23 f., immer ein Paroxytonon.
**) (....) bedeutet zu tilgende Stellen, [....] Zusätze des handschrift-
lichen Textes.

7] Ist die Cäsur des achtsilbigen Verses eigentlich also nur eine rhythmische, so ermangelt sie jedoch im Allgemeinen auch nicht einer syntaktischen Bedeutung. Die Gewohnheit der Franzosen, im Innern des Verses nur dann noch einen Ictus zu markieren, wenn hinter demselben eine Cäsurpause eintritt, erzeugte das Gefühl der Zusammengehörigkeit von principiell markiertem Ictus und syntaktischem Einschnitt und bewirkte, dass sich fast überall da, wo ersterer auftrat, letzterer ganz wie von selbst einstellte, wenn mit der vom Ictus getroffenen Silbe ein Wort endigte.

Wenn nun die Cäsurpause des Achtsilbers nicht immer so scharf ausgeprägt ist wie in Versen grösseren Umfangs, so dürfen wir daran keinen Anstoss nehmen; schon die Kürze des Verses erschwerte die regelrechte Durchführung derselben.

8] Für den Umstand nun, dass eine solche Cäsur, wie sie von Prof. Stengel dem Achtsilber der ältesten Zeit zugeschrieben wird, in unseren Gedichten nicht das Ergebnis des Zufalls, sondern das eines Prinzips ist, sprechen folgende Gründe:

A. Der hohe Prozentsatz der Verse, in denen der Ictus der vierten Silbe deutlich markiert ist: 98,27 % in Pas. und 97,5 % in Le.

Zieht man von den Versen, welche dieser Eigentümlichkeit ermangeln, diejenigen ab, welche einen korrumpierten Text bieten:

mais per vos et per vostres filz Pas. 66 c; si parlet a lus femnes dis 101 b; si sespaůriren de pavor 100 b

sowie diejenigen, welche die Absicht des Dichters, den Ictus der vierten Silbe zu markieren, noch in so weit erkennen lassen, als diese eine von tonlosen, resp. schwach betonten Silben umgebene, mithin den Rhythmus tragende schwache Tonsilbe ist:

per me non vos | est ob plorer Pas. 66 b; rend(e)l[o] qui lui | lo comandat Le. 5 b; Quandius al suo | consiel edrat 12 c; Quandius in ciel | monstier instud 19 c; Quntr'omnes i | transist armez 37 e,

so bleiben bloss folgende Verse, welche der Annahme einer absichtlichen Markierung des Ictus der vierten Silbe entgegenstehen, übrig:

1) Verse, in denen die vierte Silbe zwar die letzte eines Wortes ist, das aber im Zusammenhang der Rede seines eigenen Tones verlustig geht:

sant Johan lo son cher amic Pas. 27 d; Terce vez lor o demandet 35 e; Son queu que il a coronat Le. 21 e; et si el non ad ols carnels 29 c;

2) Verse, in denen die vierte Silbe weder betont, noch die letzte eines Wortes ist:

Barrabant perdonent la vide Pas. 57 a; Pilaz, cum audid tals raisons 61 a; de cui sep diables forsmedre 105 d.

Die Anzahl dieser Fälle — sie machen in Pas. 0,97 %, in Le. 0,83 % aus — dürfte jedoch zu gering sein, um die Absichtlichkeit der Markierung des Ictus der vierten Silbe in unseren Gedichten in Frage zu stellen. Man wird nicht fehlgehen, wenn man dieselben der Nachlässigkeit oder Ungeschicklichkeit des Dichters resp. Umdichters zuschreibt.

Dass die in Rede stehende Eigentümlichkeit des Achtsilbers unserer Denkmäler eine gesetzmässige ist, springt sofort in die Augen, wenn man dieselben mit späteren im Achtsilber verfassten Gedichten, in denen eine prinzipielle Markierung des Ictus der vierten Silbe ja bekanntlich nicht stattgefunden hat, vergleicht.

Eine Prüfung der ersten 1000 Verse von Chrestiens »Chevalier au lion« ergiebt, dass in 338 Versen der Ictus der vierten Silbe nicht markiert ist. In 184 dieser Verse ist die vierte Silbe die letzte eines im Zusammenhang der Rede unbetonten Wortes, in den übrigen 154 bildet sie weder die End- noch die Tonsilbe eines Wortes.

9] B. Das Vorkommen von epischen Cäsuren. Wäre in dem Dichter nicht das Gefühl der Zweiteilung des Verses lebendig gewesen, so hätten sich solche Cäsuren, die dem Wesen des Achtsilbers fremd sind und, wie oben bemerkt, als Analogiebildungen an Verse grösseren Umfangs aufgefasst werden müssen, nicht einmischen können.

10] C. Die in beiden Gedichten sehr häufige, in Pas. besonders scharf ausgeprägte Erscheinung, dass in der Mitte des Verses zwei stark accentuierte Silben neben einander stehen, welche dem Sinne nach nicht so eng mit einander verbunden sind, als dass die eine gegen die andere gedämpft werden könnte. Soll der Ton beider Silben zur Geltung gelangen, so muss zwischen ihnen eine Pause eintreten, und diese teilt den Vers in zwei sich scharf gegen einander abhebende Hälften. Da nun das Zusammentreffen von zwei derartig accentuierten Silben sich an anderen Stellen des Verses viel seltener findet, so liegt der Schluss nahe, dass sich der Dichter des harten Tonsilbenstosses in der Mitte des Verses bediente, um die Zweiteilung des letzteren stärker auszuprägen.

Pas. weist 99, Le. 36 Verse (= 19,5 %, resp. 15 %) mit stark betonter vierter und fünfter Silbe auf:

Hora vos dic | vera raizun Pas. 1 a; per que cest mund | tot a salvad 1 d; Peccad negun | unque non fez 3 a; La sua morz | vida nos rend 3 c; Sa passiuns | toz nos redepns 3 d; avant dels sos | dos enveied 5 c; ferner: 6 b, 9 a, 11 b, 12 b, 13 c, 13 d, 18 b, 18 d, 19 b, 20 a, 22 a, 26 b, 28 b, 28 c, 28 d, 30 a, 30 b, 30 d, 31 a, 31 d, 32 b, 33 c, 35 d, 36 a, 39 b, 41 a, 41 b, 42 b, 46 b, 46 c, 47 a, 50 a, 50 b, 51 d, 53 c, 54 b, 56 d, 60 a, 60 b, 60 d, 63 a, 65 a, 65 c, 68 b, 69 a, 69 b, 69 d, 70 c, 71 a, 71 b, 71 c, 72 a, 72 b, 72 c,

73 b, 74 d, 75 b, 75 c, 76 a, 80 c, 81 a, 81 b, 83 b, 83 c, 85 a, 86 a, 89 c, 89 d,
90 a, 91 b, 92 b, 92 c, 94 a, 94 c, 97 c, 99 d, 101 d, 102 b, 102 d, 103 a, 105 c,
109 a, 113 c, 113 d, 114 c, 115 b, 117 a, 118 b, 118 c, 122 b, 123 a, 124 b, 129 c.
Quant infans fud | donc a ciels temps 8a; cio fud Lothiers | fils Balde-
qui 8 d; Il le amat, | deu lo covit 3 e; Il lo reciu, | bien lo nonrit 5 c;
De sanct Maxens | abbas divint 5f, 6 b; et in raizons | bels oth sermons 6e;
et sanz Letgiers | sempre fud bons 7c, 7d, 9 c, 10 a; Nel condignet | nuls
de sos piers 10 e; *ferner:* 10 f, 12 d, 12 f, 13 a, 14 d, 16 f, 17 a, 17 e, 22 d,
22 e, 23 c, 24 d, 24 e, 25 b, 25 d, 26 e, 28 a, 32 d, 33 d, 33 e, 35 c, 37 c, 38 e, 40 c.

[Die Fälle, in denen sich zwei stark accentuierte Silben an anderen
Stellen des Verses neben einander befinden, sind folgende:
Der Tonsilbenstoss wird gebildet
a) von der zweiten und dritten Silbe des Verses (Pas. 6, Le. 2 Fälle):
mult les semper | en esdevint Pas. 53b; *Audes, fillies | Jherusalem* 66 a;
Ensems crident | tuit li fellunt 59 a, 60 c; *mercet ajas | de pechedors* 128 b;
(lo mels signa | [sa] deitat 111 d). *Li tres vindrent | a sc. L. Le.* 38 a;
De cel vindre; | fud de pardeu 84 d;
b) von der dritten und vierten Silbe (Pas. 9 Fälle, Le. 1 Fall):
1) bei gewöhnlicher Cäsur: *A la(r) mort vai | cum uns anel* Pas. 89 d;
Avan tos vai | a pasiun 64 d; *gurpissem mund | et som peccad* 127 d;
non aura mal; | so sab per ver 116 b; *ci tal don fais | per ta mercet* 76 b;
desque carn pres, | in terra fu 2 b; *Ewrui prist | a castier* Le. 18 b;
2) bei schwacher Cäsur: *terce ves Petre lo neies* Pas. 49 b; *als Judeus
vengra en rebost* 21 b; *Respondet l'altre: mal i dis* 73 a;
c) von der fünften und sechsten Silbe: *et si el non | ad ols car-
nels* Le. 29 c;
d) von der siebenten und achten Silbe (Pas. 4, Le. 2 Fälle): *A cel
sopar | un sermon fez* Pas. 28 a; *de cui Jhesus | vera carn presdre* 83 b;
estrais lo fer | que al las og 40 b; *jusche la terra per mei fend* 82 d;
De sanct L. | consilier fist Le. 12 b; *por ciel tiel miel | quae defors vid*
24 f].

11] D. Unregelmässigkeiten und Schwankungen in der Wortstellung:

I. Der Dichter weicht zuweilen von der gewöhnlichen
Wortfolge ab, ohne dass ihn die Rücksicht auf die Assonanz
oder Silbenzahl dazu drängt. Wenn nun in solchen Fällen die
gewöhnliche Wortstellung zu keiner Cäsur führen würde, so ist,
falls kein anderer Grund für die Abweichung ersichtlich, die
Annahme berechtigt, dass die Absicht, den Cäsurictus zu markieren, die ungewöhnliche Wortstellung veranlasst hat.

Die in Betracht kommenden Fälle sind folgende:
1) en pas che veng | vertuz de cel Pas. 120 c.

Inversion des Subjekts in Nebensätzen ist selten (vgl. Völcker,
»Die Wortstellung in den ältesten französischen Sprachdenk-
mälern«, Franz. Stud. III. Heft 7, S. 19). Von den 27 Tem-
poralsätzen der Pas. haben nur 3 invertierte Constructionen
(cf. Völcker S. 21). In zweien dieser Sätze ist jedoch die Inversion des Subjekts durch die Assonanz bedingt. Mithin wäre
der oben aufgeführte Vers das einzige Beispiel willkürlicher

Nachsetzung des Subjekts in einem Temporalsatz, wenn man nicht annimmt, dass die Rücksicht auf die Cäsur diese Stellung veranlasst hat. Die regelmässige Stellung *en pas che vertus veng de cel* würde keine Cäsur ergeben haben.

> 2) cum la cena | Jhesus oc faits Pas. 23 b; trestot cest mund | granz noiz cubrid Pas. 78 b.

Die Stellung: Objekt — Subjekt — Verbum ist ganz ungewöhnlich (cf. Völcker S. 33). Bei regelmässiger Stellung: *cum Jhesus la cena oc faita* und *granz nois trestot cest mund cubrid* wäre die Cäsur nicht hinreichend markiert.

> 3) tan durament terra crollet Pas. 81 b.

Die Trennung des Modaladverbs vom Verbum ist sehr selten (vgl. Völcker S. 47). Bei regelmässiger Stellung: *terra tan durament crollet* keine Cäsur.

> 4) Amarament | mult se ploret Pas. 50 b.

Ein Modaladverb, welches ein anderes Adverb oder ein Adjektiv näher bestimmt, steht in den ältesten Denkmälern sonst immer unmittelbar vor seinem Beziehungswort, wenn dieses dem Verbum vorangeht (Völcker giebt hierüber keine Auskunft). Beispiele:

> mult lez semper en esdevint Pas. 53 b, molt cars portavent unguemenz 98 d, tan durament terra crollet 81 b, tam benlement los conforted 33 b; tam ben en fist Le. 4 c, 12 a (mult lungament ai a lui converset, Alexius 69 a; mult tendrement plurer, eb. 49 b).

Wäre in obigem Falle die regelmässige Wortstellung: *molt amarament se ploret* angewandt worden, so würde sich keine Cäsur ergeben haben.

> 5) non fud assaz | anc als felluns Pas. 90 a, O cors(pus) non jag | anc a cel temps 88 d, Anz lui noi jag | unque nulz om. 89 d.

»Die Zeitadverbien finden sich fast immer vor dem Verbum« (Völcker S. 46). Demgemäss gehen *anc* und *unque*, wo sie in Pas. sonst begegnen, dem Verbum immer voran. Die Fälle sind:

> quar anc non fo nul om carnals Pas. 96 a; Hanc non fud hom 22 d; Peccad negun unque non fez 3 a.

Hätte sich der Dichter in obigen drei Versen der regelmässigen Wortstellung:

> anc non fud assaz als felluns — o cors(pus) anc non jag a cel temps
> — anz lui unque noi jag nulz hom

bedient, so wäre die Cäsur im ersten Vers überhaupt nicht, im zweiten nicht hinreichend markiert, im dritten Vers würde sich eine lyrische Cäsur ergeben haben, die der Dichter nicht zu lieben scheint, wie man aus dem geringen Procentsatz derselben schliessen darf.

6) Tot als Judeus | o vai nuncer Pas. 26 d.

Die Stellung: als *Judeus tot o vai nuncer* wäre viel natürlicher, würde aber wegen der zu engen Verbindung von *tot* mit *o* die Cäsur nicht hinreichend zum Ausdruck bringen.

7) (Alquant dels palmes prendent ram[e]s, ||) dels olivers al(a)quant las branches Pas. 10 b.

Die Wortstellung ist sehr geschraubt (cf. Völcker S. 41), die natürlichere *alquant dels olivers las branches* würde zu keiner Cäsur führen.

8) Lui recognostre(t) semper fit Pas. 49 d; que lui a grand torment occist Le. 2 f.

Das pronominale Objekt steht immer unmittelbar neben seinem Verbum (Völcker S. 36). Völcker scheint jedoch diese beiden Fälle übersehen zu haben, wenn er S. 37 sagt: »Die schweren Formen werden promiscue mit den übrigen gebraucht und unterscheiden sich in ihrer Stellung gar nicht von den tonlosen«. Die regelmässige Stellung: *recognostre semper lui fix* und *que a grand torment lui occist* hätte eine lyrische Cäsur hervorgerufen, resp. die Cäsur ganz verwischt.

9) Ans petiz dis | que cho fus fait || (Jhesus lo Lacer suscitet) Pas. 8 a.

Fasst man *ans* als Adverbium, so ist die Stellung gezwungen; fasst man es mit Stengel (Wörterb. S. 86) als Präposition, so ist der Ausdruck unlogisch. Ich vermute, dass der Dichter anfangs *petis dis ansque cho fus fait* im Sinne gehabt (cf.: *Ansque la noit lo jals cantes* Pas. 49 a), dann aber wegen der Cäsur *ans* und *que* getrennt hat.

10) E dunc orar | cumel anned || (si fort sudor dunques suded) Pas. 32 a; Elles d'equi | cum sunt tornades || (Jhesus las a senpr' encontrades) 104 a.

Wenn es auch der Dichter bei Nebensätzen mit *cum* geliebt zu haben scheint, einen zum Nebensatz gehörigen Satzteil nach Art des lateinischen Sprachgebrauchs vor die einleitende Konjunktion zu stellen, so dürfte doch die Anwendung der lateinischen Konstruktion in den beiden obigen Versen, in denen die Ausdrucksweise sehr holperig ist, lediglich der Rücksichtnahme auf die Cäsur zuzuschreiben sein.

11) (Joseps Pilat mult a prein(r)[t] ||) lo corps Jhesu | qu'el li dones Pas. 86 b.

Bei Nebensätzen, die durch *que* eingeleitet sind, findet sich die soeben beschriebene Konstruktion sonst nie. Die Cäsur wird den Dichter veranlasst haben, sich derselben in obigem Falle zu bedienen.

12) Qui in templum dei | cortine pend || (jusche la terra per mei fend) Pas. 82 c.

Dies ist das einzige Beispiel für das Hineinziehen des Hauptsatz-Subjektes in den Relativsatz. Es ist nicht wahr-

scheinlich, dass der Dichter aus freier Neigung die lateinische
Konstruktion gewählt hat; vielmehr dürfte ihn die Rücksicht
auf die Cäsur hierzu bestimmt haben.

II. Ein weiterer Beweis für die Gesetzmässigkeit der Cäsur
in unsern Denkmälern ist der Umstand, dass der Dichter in
gleichartigen Fällen, wo er die Freiheit hatte, zwischen zwei
Wortstellungsarten zu wählen, sich bald für die eine, bald für
die andere entschied, je nachdem die eine oder die andere eine
Cäsur ermöglichte, resp. eine kräftigere Cäsur bewirkte.

1) Die I, 10 beschriebene lateinische Konstruktion wechselt
nach Massgabe der Cäsur mit der französischen ab:

a) lateinische Konstruktion:
A la cipdad | cum aproismet Pas. 13 a; Al desen jorn | ja cum per-
veng 119 a; Al[s] sos fidels | cum repadred 33 a; nostre sennior | cum
tradissant 20 d; de soa carn | cum deus fu naz 84 b; Ad epsa nona
cum perveng 79 a.

b) französische Konstruktion:
(cum il Jhesum | oiciscsant Pas. 44 b;) cum cela carn | vidra murir 83 c;
Et cum asez | l'ont escarnid 64 a; Cum le matins | fud esclairez 51 a;
onm la cena | Jhesus oo faita 23 b.

2) Es stehen sich ferner gegenüber:

a) invertierter präpositionaler Genitiv:
avant dels sos] dos enveied Pas. 5 c; Cum de Jhesu | l'anma n'anet81 a;
De sanct Maxenz | abbas divint Le. 5 f.; de Hostedun | evesq[ue] en
fist 8 f.

b) regelmässig gestellter präpositionaler Genitiv:
Le spiritus [de lui anet Pas. 80 d; (Uns del[s] felluns | chi sta iki
80 a); (ja fos la ohans | de lui aucise 93 c); (lis ols del cap | li fai
crever Le. 26 d).

3) Alo und avant stehen:

a) unmittelbar vor dem Verbum:
Fort satanan | alo venquet Pas. 94 b; En Galilea | avant en vni
103 c.

b) getrennt von dem Verbum:
avant dels sos | dos enveied Pas. 5 c; evan orar | sols en anes 30 d;
Alo sanc Pedré perchoinded 29 a.

4) Donc steht:

a) vor dem Verbum:
Qui donc regnevet a ciel di Le. 3 c.

b) nach dem Verbum:
Quant infans fud | donc a ciels temps Le. 3 a; qui mieldre fust | donc
a ciels tiemps 6 b.

5) per que cest mund | tot a salvad Pas. 1 d.
Meist findet man tot vor seinem Beziehungswort, z. B.:

tot lor marohed vai desfazend Pas. 19 d.

6) a. Personalpronominales Subjekt — adverbiale Bestimmung — Verbum:

> Il per escarn | o fan trestot Pas. 71 d; Il desabanz | sunt aserad 120 a:
> Il voluntiers | semper reciut Le. 22 d.

b. Adverbiale Bestimmung — personal-pronominales Subjekt — Verbum:

> A grand honor | el l'en portet Pas. 86 c; Domine deu | il les lucrat
> Le. 36 d; Mais enavant | vos cio aurez 19 e.

7) Das pronominale Objekt steht in Sätzen, die durch Adverbien eingeleitet sind:

a. nach dem Verbum:

> Primos didrai | vos dels honors Le. 2 a; apres ditrai | vos dels
> aanz 2 c.

b. vor dem Verbum:

> (Hora vos dic | vera raizun Pas. 1 a); (Envis lo fist Le. 17 a.)

12] Mit den angeführten Argumenten glaube ich nunmehr den Beweis geliefert zu haben, dass die Cäsur in Pas. und Le. nicht das Ergebnis des Zufalls, sondern von den Verfassern dieser Denkmäler prinzipiell verwandt ist.

Der erste Abschnitt der folgenden Untersuchung wird nun ihre syntaktische Bedeutung darlegen.

Bei der Darstellung der Verssyntax lehne ich mich teilweise an Reissert an, weiche aber namentlich insofern von ihm ab, als ich beim Ordnen der syntaktischen Kategorieen, so weit es die Übersichtlichkeit derselben gestattet, nach dem Grundsatz verfahre, auf die stärkere Pause die schwächere folgen zu lassen.

Erster Abschnitt:

Syntax der Cäsur.

Durch die Cäsur werden getrennt:

A. Sätze.

Von den Versen, in denen die vierte Silbe die letzte eines Wortes ist, sind in Pas. 20%, in Le. 30,1% so beschaffen, dass die Cäsurpause mit einer durch das Aufeinanderfolgen oder das Ineinandergreifen zweier Sätze bedingten Pause zusammenfällt.

I. Zwei verschiedene Satzganze *).

1) selbständig neben einander stehend.

Die hierher gehörigen Verse machen in Pas. 2,59%, in Le. 4,35% aus.

Die Sätze hängen immer eng mit einander zusammen.

a. Jeder von ihnen nimmt ein Vsgl. ein.

13] α . Sie haben verschiedene Subjekte (cf. Reissert §. 190):

Quar eu te fiz. | Num cognognist. Pas. 17c. Salvar te ving. | Num receubist. 17d. Il se fud morz. | Damz i fud granz. Le. 9c. Un compte i oth. | Pres en l'estrit. 10a. De cel vindre. | Fud de par deu. 34d.

14] Der zweite Satz findet sich auch mit einer Beiordnungs-partikel angereiht (cf. Reissert §§ 191—195):

quar: Vedez mo laz; | qu'i fui plagas. Pas. 109d. et: Que m'en darez? | el vos tradran. 21c.

15] β . Die Sätze haben gleiches Subjekt (Reissert 201—204):

Pensar non vols. | pensar nol poz. Pas. 14c. El mor a tort. | Ren non forsfez. 73b. Vedez mas mans. | Vedez mos peds. 109c. Crucifige! | Crucifige! 57c. Il le amat. | Deu lo covit. Le. 3e, 4c, 5c. A terra ioth. | Mult fo afflicz. 28a. Defors l'asist. | Fist i gran miel. 24d. 14d.

---

*) Die für diese Kategorie von Reissert befolgte Norm:
»Zwei einander beigeordnete Sätze werden als selbständige Satz-ganze von uns dann aufgefasst, wenn ihre Prädikate verschiedenen Modus haben, wenn das Subjekt verschieden ist, wenn sie nicht durch kopulative oder disjunktive Konjunktionen verbunden sind, es sei denn, dass beide Sätze einen Bestandteil gemeinsam haben« (cf. Reissert a. a. O. S. 6) lasse auch ich für meine Aufstellungen massgebend sein; nur weiche ich insofern von derselben ab, als ich elliptische Sätze, welche aus Vokativen bestehen, nicht als selbständige Satzganze ansehe.

16] b. Der erste Satz umfasst ausser dem 1. Vsgl. noch den ganzen vorhergehenden Vers, während der zweite sich in seinem Umfang auf das 2. Vsgl., mit welchem das Assonanzpaar abschliesst, beschränkt (Reissert 205):

Mais per vos et per vostres filz || plorez assaz. | Qu'i obs vos es. Pas. 66 d *(Assonans falsch).* Si alcuns d'els beven veren, || non aura mal; | zo sab per ver. 116 b. Jal vedes ela si morir, || el resurdra; | cho sab per ver. 84 d *(Assonans falsch).*

17] 2) Eine Parenthese und der sie umschliessende Satz, resp. ein Teil desselben:

Die Parenthese beginnt nach der Cäsur und umfasst:

α. das ganze 2. Vsgl. (R. 221):

Lo quarz, uns fel | — nom a Vadart — || ab un inspieth lo decollat Le. 38 e.

18] β. die Hälfte desselben (fehlt bei Reissert):

Gehsesmani | — vil'es -- n'unez. Pas. 30 b.

19]   II. Teile eines Satzganzen:

A. Sätze, welche einander weder koordiniert noch subordiniert sind, resp. Teile von solchen:

1) Ein oder mehrere elliptische Sätze und ein vollständiger:

a. Ersterer geht letzterem voran (R. 211):

Heli! Heli! | purquem gulpist? Pas. 79 d.

20] b. Der elliptische Satz ist in den vollständigen eingeschoben; alsdann steht er am Anfang des 2. Vsgl. (R. 98):

cum tu vendras, | Crist, en ton ren! Pas. 74 d.

21] Anmerkung. Einmal nimmt der vollständige Satz nur die erste Hälfte des 1. Vsgl. ein, während der elliptische den übrigen Teil des Verses füllt (fehlt bei R.):

Audez, fillies | Jherusalem! Pas. 66 a.

22] 2) Teile einer Satzperiode:

Subjekt des Hauptsatzes — Adverbialsatz (R. 227):

Felo Judeu, | cum il cho vidren, || (enz [en] lor cors grand an enveie.) Pas. 20 a. Et Ewruins, | cum il l'audit, || (credre(n) nel pot, antroquel vid.) Le. 32 a, *ferner* 37 a, 15 a, 25 e, 35 a.

23] Anmerkung. Einmal erstreckt sich der Adverbialsatz von der Mitte des 1. Vsgl. bis ans Versende:

Judas, cum og | manjed la sopa, || (diable sen enz en sa gola.) Pas. 26 a.

24] B. Sätze, welche einander koordiniert sind:

1) Zwei elliptische Sätze (R. 218):

Fili Davit! | fili Davit! Pas. 11 b. Hierusalem! | Hierusalem! 14 a. O deus vera! | rex Jhesu Crist! 76 a.

25] 2) Zwei vollständige Hauptsätze:

    a. ohne gemeinsamen Nebensatz (R. 263):

Nos defended | ne nos s'usted. Pas. 39c. Ab lui parlet | sil con-
jaudit. 106d. Levet sa man | sil benedis. 117c. Anas en es | et non
es ci. 102a. A sel mandat | et cio li dist. Le. 8a.

26]   b. mit gemeinsamem Nebensatz:

    Derselbe steht in einem anderen Verse (R. 263):

Venrant li an, | venrant li di || (quez t'asaldran toi inimic.) Pas. 15a.
Fui lo solelz | et fui la luna, || (postque deus filz suspensus fure.) 78c.
et or es temps | et si est biens || (quae nos cantumps de sant Lethgier.)
Le. 1e. (Reis Chielperics, cum il l'audit, ||) presdra sos meis, | a luis
tramist. 15b. (Ciel Ewruins, qual horal vid, ||) penrel rovat, | lier lo
fist. 25f.

27] 3) Zwei Hauptsätze, welche einen Bestandteil gemeinsam
haben *):

    Die nicht gemeinsamen Bestandteile derselben sind:

a. Prädikate mit ihren näheren adverbialen und prädikativen
Bestimmungen (R. 264):

Dunc lo despeis | e l'escarnit || (li fel Herodes en cel di.) Pas. 55a.
Quar donc fud miels | et a lui vint. Le. 22c. Cio sempre fud | et ja si
er. 7a. Il l'exaltat | e l'onorat. 8c.

28]   b. Subjekte und Prädikative auf dieselben (R. 252):

Grans fu li dols, | fort marrimens. Pas. 81a.

29]   c. Adverbiale Bestimmungen (R. 254):

Envis lo fist, | non voluntiers. Le. 17a.

30]   d. Objekte (R. 271):

Fid aut il grand | et veritiet. Le. 6d.

31]   e. Unbestimmte Verbalformen (fehlt bei R.):

Romprel farai | et flagellar. Pas. 58c. Ploran lo van | et gaimen-
tan. 65b.

32] Anmerkung. Einmal greift der erste Satz mit einem Teil einer
präpositionalen Bestimmung, die beiden Sätzen gemeinschaftlich ist, ins
2. Vgl. über (fehlt bei R.):
si parlet a | las femmes, dis: Pas. 101b.
(Die ganze Strophe, welcher dieser Vers angehört, ist korrumpiert.)

33] 4) Zwei Nebensätze:

    a. vollständige (R. 249):

(Cio li preis, laissas lo toth, ||) fus li por den, | nel fus por lui. Le. 18e.
(A sel mandat, et cio li dist, ||) a curt fust sempr' | e lui servist. 8b.

---

*) Ich schliesse hier diejenigen zusammengezogenen Hauptsätze aus,
in welchen die nicht gemeinsamen Teile aus zwei neben einander
stehenden koordinierten Satzteilen bestehen, da in diesem Falle beide
Sätze nicht mehr als verschiedene Sätze empfunden werden, sondern für
das Sprachgefühl zu einem einzigen Satz verschmolzen sind.

34]   b. zusammengezogene:

Die nichtgemeinschaftlichen Bestandteile beider Sätze sind zwei Prädikate mit ihren adverbialen Bestimmungen (R. 264): (A la ciptad cum aproismet ||) et el la vid | e la'sgarded. Pas. 13 b. (Christus Jhesus, qui deus es vers ||,) qui semper fu, | et semper es. 93 b.

35]   C. Sätze, welche einander subordiniert sind:

1) Zwei Hauptsätze, deren einer im Verhältnis des Objektes zum andern steht:

Der untergeordnete enthält direkte Rede, der übergeordnete die Angabe der sprechenden Person:

a. Der einführende Satz folgt der direkten Rede nach:

Er füllt alsdann das 2. Vsgl. ganz, während die direkte Rede das 1. Vsgl. einnimmt (R. 287):

»Eu soi aquel« | zo dis Jhesus. Pas. 35 a.   »Tu ep« l'as deit« | respon Jhesus. 46 a.

36]   b. Der einführende Satz ist in die direkte Rede eingeschoben:

α. Er endigt in der Cäsur:

Alsdann umfasst er einmal das ganze 1. Vsgl. (fehlt bei R.):

(»Cum aucidrai eu vostre rei; ||«) zo dis Pilaz, | »forsfaiz non es. Pas. 58 b.

37]   einmal nur die Hälfte desselben (R. 285):

»gai te«, dis el | »per tos pechet«. Pas. 14 b.

38]   β. Der einführende Satz beginnt nach der Cäsur:

Einmal erstreckt er sich bis zum Versschluss (R. 288):

»Pax vobis sit!« | dis a trestoz, || (eu soi Jhesus qui passus soi«). Pas. 109 a.

39]   einmal nimmt er nur die Hälfte des 2. Vsgl. ein (R. 289):

»Aucid, aucid« | crident »Jhesum«. Pas. 56 d.

40]   Anmerkung. In folgendem Vers erstreckt sich der einführende Satz, welcher in die direkte Rede eingeschoben ist, von der Mitte des 1. Vsgl. bis zum Versschluss (fehlt bei R.):

»Amicz!« zo dis | lo bons Jhesus, || (»perquem trades in to baisol?«) Pas. 38 a.

41]   2) Hauptsatz und Nebensatz:

Letzterer ist

a. ein Subjektssatz:

α. Hauptsatz — Subjektssatz:

(1) Jeder von beiden umfasst ein Vsgl. (R. 290, 291):

Melz ti fura, | non fusses nas. Pas. 38 c.   (vos) [no'st] neient ci | per que crement (: dis prt.) 101 c (Assonans falsch, Stelle korrumpiert).

Cio fud lonx tiempe, | ob se lo(s) ting. Le. 5 d. Cio fud lonx dis, | que non cadit. 39 c. Cio fud Lisos, | ut il intrat. 17 c. Lai s'aprosmat, | que lui firid. 39 d. Guenes oth num | cuil comandat. 30 a.

42] (2) Einmal nimmt der Subjektssatz ausser dem 2. Vsgl. des 1. Verses noch den zweiten Vers des Assonanzpaars ein (fehlt bei R.):

usque vengues | qui sens pecat || (per tos solses comuna lei). Pas. 96 c (*Assonans falsch*).

43] β. Subjektssatz — Hauptsatz: Jeder von beiden hat Versgliedlänge (R. 293):

Qui nol cretrun, | seran damnat. Pas. 114 d. Chi cel non sab, | tal non nudid. 28 b. qui fai lo bien, | laudas enn er. Le. 7 b.

44] b. ein Objektssatz:

α. Hauptsatz — Objektssatz: (1) Jeder von beiden umfasst ein Vsgl. (R. 294—296):

Quar el zo dis ; que resurdra Pas. 91 a. Semper pensed | vertux feisis. 53 d. Ja dicen tuit | que viva(era) [esteit]. 108 b, 91 d. Per tot obred | que verus deus. 2 c, 2 d. Cio li mandat | qua revenist. Le. 15 c, 19 b, 19 d. cio li preis, | laissas lo toth. 18 d; 18 f. Ne soth nuls om / qu'es devenguns. 26 f. Non oct ob se ; cui en calsist. 28 b.

45] (2) Der Objektssatz umfasst 1¹/ₐ Verse und schliesst mit dem Assonanzpaar ab (R. 294):

Eu t'o promet, | oi en cest di || ab me venras in paradis. Pas. 75 c. Zo pensent il | que entre el || le spiritus aparegues. 110 c.

46] β. Objektssatz — Hauptsatz: je ein Vsgl. umfassend (R. 299):

qual agre dol, | nol sab om vivs. Pas. 88 d.

47] c. ein Adverbialsatz:

α. Hauptsatz — Adverbialsatz: Beide füllen je ein Vsgl. (R. 303):

regnet pero | cum ans se feira. Pas. 93 d. gardes i met, | non sia emblez. 90 d. A la(r) mort vai | cum uns anel. 39 d, 104 d, 119 d. Tal a regard | cum focs ardenz. 99 c. L'ira fud granz | cum de senior. Le. 13 c. Sempre fist bien | o que el pod. 7 d.

48] Ist in dem Hauptsatze ein adverbiales Korrelat des Nebensatzes enthalten, so steht dieses niemals am Ende des 1. Vsgl., sondern entweder am Anfang desselben (R. 305):

lai dei venir | o eu laisei (: anz, *falsche Assonanz*). Pas. 70 b. Allol vetran | o dit lor ad. 103 d. Porro'n exit, | vol li preier. Le. 25 c.

49] oder am Anfang des 2. Vsgl., mit dem Adverbialsatz zur Toneinheit verschmolzen (R. 309):

Porlier lo fist | si cum desans. Le. 31 d. miel li fezist, | dontre quel viu. 38 d. credre(n) nel pot ; antro qu'el vid. 32 b, 37 b.

50] **Anmerkung.** Einmal nimmt der Hauptsatz nur die beiden ersten Silben des Verses ein, während der Adverbialsatz, ein substantivierter Adjektivsatz, den Rest des Verses füllt (fehlt bei R.):

rend(e) l[o] qui lui ; lo comandat. Le. 5 b.

51] *β*. Adverbialsatz — Hauptsatz:

Jeder von beiden nimmt ein Vsgl. ein (R. 312):

D(r)ontre nos lez, | facam lo ben! Pas. 127 c. Cum peis lor fai, | il creisent mais. 125 b. Cum il l'audit, | fu li'n amet. Le. 7 f, 15 f, 26 e, 32 c. Porquant il pot, | tan fai de miel. 23 c. Ja lo sot bien, | il le celat. 13 e. Posci non posc, | lai vol ester. 16 f.

52] Zuweilen lehnt sich der Adverbialsatz an ein Adverb an (R. 314):

Si cum desanz | den pres laud(ier)[at]. Le. 81 b. et si cum flamm' | es clar arda[n]z. 84 f.

53] **Anmerkung.** Einmal greift der Adverbialsatz bis zur Mitte des 2. Vsgl. über (fehlt bei R.):

(et) si cum roors | in cel es granz. Le. 34 e.

54] *γ*. Der Adverbialsatz ist in den Hauptsatz eingeschoben:

(1) Er beginnt nach der Cäsur:

Alsdann umfasst er das ganze 2. Vsgl. (fehlt bei R.):

Anz petiz dis | que cho fus fait, || (Jhesus lo Lacer suscitet.) Pas. 8 a. Liade(n)s mans, | cum [d]e ladron || (si l'ent menen a passiun.) 41 c.

55] (2) Er endigt in der Cäsur:

Alsdann nimmt er einmal das 1. Vsgl. ganz ein (fehlt bei R.):

(Trenta tres ant et alques plus, ||) desque carn pres, | in terra fu. Pas. 2 b.

56] sonst umfasst er immer nur den Schluss desselben (R. 29 u. 30):

Jhesus, cum veg, | los esveled. Pas. 31 c. et cum la neus, | blanc vestimenz. 99 d. que cum lo sage | a terra curr[en] 82 c. mais [qui l'] aura | sort an gitad. 68 b.

57] d. ein Attributivsatz:

Die Pause zwischen Hauptsatz und Attributivsatz ist eine stärkere, wenn dieser ein erläuternder Relativsatz ist, d. h. nur eine beiläufige Aussage enthält, als wenn er ein determinierender ist, d. h. eine notwendige Ergänzung bildet.

α. Hauptsatz — Attributivsatz:

Das 1. Vsgl. wird entweder von dem ganzen Hauptsatz eingenommen, oder nur von dem Teil desselben, auf welchen sich der Attributivsatz bezieht. Letzterer füllt das 2. Vsgl.

(1) Der Attributivsatz ist ein erläuternder Relativsatz:

(a) Das Beziehungswort desselben steht nicht am Ende des 1. Vsgl. (R. 319):

Deus l'exaltat, | cui el servid. Le. 5 e.

58] (b) es steht in der Cäsur (R. 320):

Christus Jhesus, | qui man en sus, Pas. 128a. Dist Ewruins, | qui tan fud miels. Le. 27d.

59] (2) Der Attributivsatz ist ein determinierender Relativsatz:
(a) Das Determinativum steht nicht am Ende des 1. Vsgl. (R. 318):

Es ist in diesem Falle ein Pronomen:

Celui prendet | cui bassaerai. Pas. 86d. Tot acomplit | quimque vos dis. 102b.

60] (b) Das Determinativum (in diesem Falle nie ein Pronomen) steht in der Cäsur (R. 320):

Hanc non fud hom | qui ma(g)is l'audis. Pas. 22d, *ferner* 109b, 75a. de gran pavor | que sobl' el vengre. 100d. Estrais lo fer | que al laz og. 40b. et dele flaiels | que grand sustint. Le. 40b, *ferner* 24f, 27b.

61] β. Attributivsatz — Hauptsatz:

Ersterer, ein determinierender Relativsatz, füllt das 1.; letzterer das 2. Vsgl. (R. 326):

Qui lui credran, | cil erent salv. Pas. 114c.

62] γ. Der Attributivsatz ist in den Hauptsatz eingeschoben:
(1) Er beginnt nach der Cäsur:

Alsdann füllt er immer das 2. Vsgl. aus, während das 1. Vsgl. von dem Satzteil, auf welchen er sich bezieht, eingenommen wird.

Der Attributivsatz ist
einmal ein erläuternder Relativsatz (R. 320):

Christus Jhesus, | qui deus es vers, || (regnet pero ...). Pas. 93a.

63] sonst immer ein determinierender Relativsatz (R. 320):

Uns del felluns, | chi sta iki, || (sus en la cruz li ten l'uzet). Pas. 80a, 16a, 18c. Encontral rei | qui fez lo cel || (issid lo dii le poples les) 10c, 28c, 70a *(Ass. falsch)*. Et a cel di | que dizen paaches || (... el ausleued ....) 23a. Por ciels signes | que vidrent tels || (deu presdrent mult a conlauder). Le. 35e, 36c.

64] (2) Der Attributivsatz endigt in der Cäsur:

Alsdann nimmt er nur den Schluss des 1. Vsgl. ein; der Hauptsatz füllt den übrigen Teil des Verses:

Der Attributivsatz ist ein determinierender Relativsatz (R. 88):

Lui que ajude | nuls vencera. Pas. 125a. Cil biens qu'el fist, | cil li pesat. Le. 37c.

65] Anmerkung. In zwei Fällen nimmt der eingeschobene Relativsatz, der in der Mitte des 1. Vsgl. beginnt, 1½ Vsgl. ein (R. 87):

Pilaz que anz | l'en vol laisar || (nol consentunt fellun Judeu.) Pas. 56a. Son queu que il | a coronat || (toth lo laisera recimer.) Le. 21e.

66] # B. Einzelne Satzteile.

I. **Satzteile, welche einander weder koordiniert noch subordiniert sind:**

Die Pause zwischen zwei derartigen Satzteilen ist stärker, wenn das logische Bindeglied aus einem andern Satze zu ergänzen ist (A), als wenn es in demselben Satze steht (B).

a. Subjekt und eine adverbiale Bestimmung:

Beide umfassen je ein Vsgl.:

α. Subjekt — adverbiale Bestimmung:

ad A (R. 234): (Etqui era li om primers ||) el soi ensfant per son pecchiad. Pas. 95 b. ([per tot] convertent [popl'e gent ||]) Christus Jhesus i per tot ab elz. 122 d.

67] *ad B* (R. 235): Li toi caitiu | per totas genz || (menad en eren a tormenz ||). Pas. 17 a; *ferner* 87a, 105a, 27a. Domine deus ! in ciel fiaiel || (i visitet L. son serv.) Le. 30 e.

68] *β.* Adverbiale Bestimmung — Subjekt:

ad B (*fehlt bei* R.): Ensobretoz | uns dels ladruns || (el escarnie rei Jhesum.) Pas. 72 c, 12 c.

69] **b.** Subjekt — Objekt:

je ein Vsgl. einnehmend:

ad A (R. 237): Sa passions | peisons tostaz || (lo mels signa [sa] deitat.) Pas. 111 c.

70] **c.** Adverbiale Bestimmung — Prädikativ auf das Subjekt, adverbiale Bestimmung:

Das erste Satzglied füllt das 1. Vsgl., die beiden anderen nehmen das 2. Vsgl. ein:

ad B (*fehlt bei* R.): Dedavant lui | tuit a genolz || (si s'excrebantent li fellon.) Pas. 63 a.

71] **d.** Adverbiale Bestimmung — Prädikativ auf das Objekt:

ad A (*fehlt bei* R.): (Dunc lo saludent cum senior ||) et ad escarn i emperador. Pas. 63 d.

72] **e.** Zwei verschiedenartige adverbiale Bestimmungen (nicht Objekte):

(1) Dieselben nehmen je ein Vsgl. ein:

ad B (R. 247): A grand honor | de ces pimenc || l'aromatizen cuschement.) Pas. 88 a. A sos fidel | quaranta dis || (per mulz semblans [aparegues.] 113 a.

73] (2) Nur die zweite hat Versgliedlänge, die erste nimmt nur den Schluss des 1. Vsgl. ein; es geht ihr ein pronominales Subjekt vorher:

ad B (*fehlt bei* R.): chi quatre dis | en moniment || jagud aveie toz pudenz). Pas. 8 c. Mais nos a dreit | per colpas granz || (esmes oi di en cest ahanz) 73 c.

74]   II. Koordinierte Satzteile:

»Hier sind zwei Hauptfälle zu unterscheiden. Entweder
sind beide Vsgl. ganz gleichwertig, enthalten nur koordinierte
Satzteile, während der, auf welchen sie sich gemeinsam beziehen, ausserhalb des Vs. steht, oder es kann letzterer Satzteil
mit in einem der Vsgl. stehen, und alsdann sind die beiden
Teile des Verses nicht koordiniert. Wir scheiden nach diesem
Gesichtspunkte (sub A und sub B)« (cf. Reissert 248).

a. Subjekte:

ad *A* (R. 261): e li petit | e [tuit] li gran. Pas. 95 c. li sanct L., |
li Ewrui. Le. 20 d.

75]   ad *B* (R. 262): Canten li gran | e li petit. Pas. 11a. Vindrent
parent | e lor amic. Le. 20 c.

76]   b. Prädikate:

ad *B* (R. 264): Il los absols | et perdonet. Le. 38 d. Il cio li dist
; et adunat. 16 a. Lei consentit | et observat. 12 e.

77]   c. Prädikative:

α. auf das Subjekt:

ad *B* (R. 266): non fud trovez | ne envenguz. Pas. 44 c.

78]   β. auf das Objekt:

ad *B* (R. 268): Cum cho ag dit | et percuidat, Pas. 18 a.

79]   d. Objekte:

ad *A* (R. 269): Palis, vestit, | palis, mantenls || (davant extendent as
sos pez.) Pas. 11 c. Ciel ira grand | et ciel corropt || (cio li preis, laissas
lo toth.) Le. 18 c.

80]   ad *B* (R. 271): Gran fan escarn, | gran cridaizun. Pas. 72 b. gur-
pissem mund | et som peccad. 127 d. masque son sang | et sos carn.
97 b.

81]   e. andere adverbiale Bestimmungen:

ad *A* (R. 273): Envers lo vesprae, | envers lo ser. Pas. 107 a, 16 c, 6 c.
Trenta tres ant | et alques plus. 2a, 24 a. Jusque nona | des lo meidi. 78 a.
(et) nunc [et] per tot | in secula. 129 d. A grand furor, | a gran flaiel.
Le. 33 a.

82]   ad *B* (R. 275): En huna fet, | huna vertet. Pas. 69 a. Et al terz
di, | lo mattin clar. 98 a. Enter mirra | et aloen. 87 c.

83] Anmerkung. Einmal steht die anreihende Konjunktion in der
Cäsur (*fehlt bei* R.):
Mais per vos et | per vostres filz. Pas. 66 c. (*Ass. falsch.*)

84] **III. Satzteile, welche einander subordiniert sind*):**

A. von denen jeder eigenen Ton besitzt:

1) Satzteile, welche durch einen Zwischensatz oder durch
die einleitende Konjunktion des Satzes, welchem sie angehören,
getrennt sind :

a. Apposition, Nebensatz — Beziehungswort :
Die Apposition ist ein Satzglied in absoluter Stellung, das
Beziehungswort ein dasselbe wieder aufnehmendes Pronomen.
Jene füllt mit dem zu ihr gehörigen Relativsatz das 1. Vsgl.;
dieser nimmt mit dem übrigen Teil des Satzes das 2. Vsgl. ein
(R. 401):

Ciel biens qu'el fist | oil li peaat. Le. 37c.

85]   b. Apposition — Konjunktion, Beziehungswort
(R. 339, 401):

Son bon sennior | que lo tradisse. Pas. 22b.

86]   c. Subjekt, Nebensatz — Prädikat:
Das Subjekt und ein adverbialer Nebensatz füllen das
1. Vsgl., das Prädikat umfasst das 2. Vsgl. (R. 342) :

Jheaus, cum veg, | los esveled. Pas. 31c.

87]   d. Verbum — Zwischensatz, Objekt (fehlt bei R.):

»Aucid, aucid« | crident »Jhesum«. Pas. 56d.

88]   e. Objekt, Nebensatz — Verbum :
Das Objekt füllt mit einem zu ihm gehörigen Relativsatz
das 1. Vsgl., das Verbum mit dem Subjekt das 2. Vsgl. (R. 394):

Lui que ajude | nuls vencera. Pas. 125 a.

89]   f. Objekt — Konjunktion, Verbum (R. 404):

nostre sennior | cum tradissant. Pas. 20d.   lo corps Jhesu | qu'el li
dones. 86b.

Analog ist der Fall, in welchem ein zum Fragesatz gehöriges Objekt vor das einleitende Fragepronomen gestellt ist:

Major forsfait | que i querem? Pas. 46c.

90]   g. Verbum, Zwischensatz — adverbiale Bestimmung
(R. 430):

»gai te«, dis el | »per tos pechet«. Pas. 14b.

91]   h. Verbum — Zwischensatz, adverbiale Bestimmung
(R. 428):

oum tu vendras, | Crist! en ton ren. Pas. 74d.

---

*) Hängen mehrere Satzteile des einen metrischen Gliedes von einem
Satzteil des andern ab, so ist von jenen für meine Aufstellungen nur
dasjenige massgebend, welches sich dem metrischen Einschnitt, der beide
Glieder trennt, am nächsten befindet.

92] i. Adverbiale Bestimmung — Konjunktion oder Zwischensatz, Verbum:

α. Die adverbiale Bestimmung füllt das 1. Vsgl. aus (R. 463):

Gehseemani (— vil es — n'anez Pas. 30 b.) A la ciptad | cum aprois-
met 13 a, 33 a. Al dezen jorn | ja cum perveng. 119 a. del munument |
cum se retornent 106 b, 84 b.

93] β. Die adverbiale Bestimmung nimmt nur die zweite
Hälfte des 1. Vsgl. ein. In der ersten Hälfte desselben steht:

(1) das Subjekt (fehlt bei R.):

Elles d'equi | cum sunt tornades, Pas. 104 a.

94] (2) ein Adverbium (fehlt bei R.):

E dunc orar | cum el anned, Pas. 32 a.

95] 2) Satzteile, zwischen denen sich weder ein Zwischensatz
noch eine unterordnende Konjunktion befindet:

I. Vor oder nach der Cäsur steht ein Satzteil, welcher die
Natur eines abgekürzten Satzes hat und demgemäss von Pausen
eingeschlossen ist:

a. Apposition und Beziehungswort:

α. Apposition — Beziehungswort (R. 535, 339, 401—403, 468):

Rex Chielperings, | il se fud mors. Lc. 20 a.

96]   β. Beziehungswort — Apposition:

Letztere umfasst:

(1) das ganze 2. Vsgl.:

(a) Das Beziehungswort steht nicht in der Cäsur (R. 530):

que Jhesus ve, | lo reis podens Pas. 9 b. Jhesum querem, | Nazare-
num 34 d.

97) (b) Das Beziehungswort steht in der Cäsur (R. 521):

Mais li telun, | tuit trassudad, Pas. 36 a. et [d'] Ewruins, | cil deu
mentiz, Le. 2 e. cio fud Lothiers, | fils Baldequi 3 d, 13 a. Ad Ostedun, |
a cilla ciu 24 a, 30 c.

98| (2) einen Teil des 2. Vsgl.:

Hinter der Apposition steht:

(a) das Verbum mit dem Subjekte (R. 524):

si vers Jhesus, | fils deu est il. Pas. 45 d.

99] Anmerkung. Einmal umfasst die Apposition ausser dem 2. Vsgl.
noch die letzte Silbe des 1. Vsgl. (fehlt bei R.):

sant Johan, lo | son cher amic Pas. 27 d.

100| b. Subjekt, Apposition — Prädikat (R. 332—334):

Judas li vel | ensenna fei Pas. 36 c; ferner 41 a, 54 b, 65 c. Jhesus
li bons | nol refuded 87 c.

101] c. Adverbiale Bestimmung, Apposition — Verbum
(fehlt bei R.):

Sus en u mont | donches montet Pas. 117 a. enz [en] lor cors | grand
an enveie 20 b. sus en la cruz | li ten l'azet 80 b.

102] II. Keiner der die Cäsur umgebenden Satzteile hat die
Natur eines abgekürzten Satzes:

1. Der am Schlusse des 1. Vsgl. stehende Satzteil bezieht
sich nicht direkt auf den ersten betonten Satzteil des 2. Vsgl.:

Durch die Cäsur werden geschieden:

(A) vollständige Satzglieder:

a. Subjekt und Prädikat:

Bei keinem der hierher gehörigen Verse findet im Innern
eines Vsgl. eine stärkere Unterbrechung der Rede statt als in
der Cäsur:

α. Subjekt — trennender Satzteil, Prädikatsverbum:

(1) Der Vers enthält ausser diesen dreien keine weiteren
accentuierten Satzteile:

Subjekt und Verbum werden getrennt:

(a) durch ein Objekt (R. 329):

La sua mors | vida nos rend Pas. 3 c. Sa passiuns | tos nos redepns 3 d.
gran e petit | deu van laudant 12 b.

103] (b) durch eine andere adverbiale Bestimmung (R. 329):

L'angeles deu | de cel dessend Pas. 99 a. Christus Jhesus | den s'en
leved 80 a, 88 c. et regnum deu | fortment es prob 127 b. Reis Chiel-
perics ! tam bien en fist Le. 12 a, 17 e, 26 c. Et sans Letgiers | sempre
fud bons 7 c, 21 a, 21 c, 24 e.

104] (c) durch ein Prädikatsnomen (R. 329):

Quant ciel irae | tels esdevent Le. 14 a.

105] (d) durch ein verbum infinitum (R. 332):

Sanct Pedre sols ı venjiar lo vol Pas. 40 a, 42 c. postque deus fils ı
suspensus fure 78 d.

106] (2) Der Vers enthält noch einen vierten accentuierten
Satzteil:

(α) Dieser steht mit dem übrigen Teil des Vsgl., welchem
er angehört, in direkter syntaktischer Beziehung:

Alsdann steht er am Schluss des Verses (R. 329):

ad (a): Lo satanas | dol en a grand Pas. 123 a.

107] Subjekt und Prädikat werden durch die Partikel si getrennt:

et el medeps | si pres sa cruz Pas. 64 c.

108] (β) Derselbe hängt mit dem übrigen Teil des Vsgl. syntaktisch nicht direkt zusammen:

Alsdann steht er am Anfang des Verses (R. 36):

ad (a): de cui Jhesus | vera carn presdre Pas. 88 b.

109] β. Prädikatsverbum, trennender Satzteil — Subjekt:

(1) Der Vers enthält keinen weiteren accentuierten Satzteil:
In der Cäsur steht ein prädikatives Participium (R. 351):

Non fut partiz | sos vestimenz. Pas. 68 c.

110] (2) Während die beiden ersten Satzteile das 1. Vsgl. füllen, folgt dem Subjekt ein accentuierter Satzteil nach (R. 354):
Der dadurch innerhalb des 2. Vsgl. entstehende syntaktische Einschnitt übertrifft jedoch nicht an Stärke den der Cäsur:

Dem Subject, das durch eine adverbiale Bestimmung vom Verbum getrennt ist, folgt:

(α) ein Prädikatsnomen:

issid lo dii | le poples lez. Pas. 10 d.

111] (β) ein Adverbium:

crident Pilat | trestuit ensems. Pas. 57 d.

112] b. Verbum und Objekt:

In allen hierher gehörigen Versen ist die Cäsur der stärkste syntaktische Einschnitt.

α. Verbum, trennender Satzteil - Objekt:

Es finden sich nur zwei Fälle:

In dem einen wird der Vers durch diese Satzteile ganz gefüllt (R. 370):

fraind[r]e devem | nostrae voluntaz. Pas. 126 c.

113] In dem andern geht dem Verbum ein zu ihm gehöriges Adverbium mit eigenem Accent vorher (R. 368):

Donc oct ab lui | dures raizons. Le. 32 d.

114] β. Objekt — trennender Satzteil, Verbum:

(1) Der Vs. enthält ausser diesen keine accentuirten Satzteile:

Hinter der Cäsur steht:

(a) das Subjekt (R. 395):

trestot cest mund | granz noiz cubrid Pas. 78 b. cum la cena | Jhesus oc faitu 23 b.

115] (b) eine adverbiale Bestimmung (R. 388):

Castel Emaus | ab elz entret Pas. 107 c, 116 d. Mel e peisons | equi manget 111 a, 94 b. si fort sudor | dunques suded 82 b, 47 a, 22 a, 92 c, 8 a. toz sos fidels | ben engarnid 28 d, 51 d. sa gratia | por tot ouist Le. 15 d. Clerj' Ewrui | ille trovat 17 d, 22 a. et son regnet | ben dominat 12 f.

116] (c) die Partikel si (fehlt bei R.):

Blanc vestiment | si l'a vestit. Pas. 55 c.

117] (d) ein Infinitiv (fehlt bei R.):

Tos sos fidels | seder rovet. Pas. 30 c.

118] (e) ein Verbum finitum (R. 393, 394):

que lo deu fil | li fai neier. Pas. 48 d. sanz spiritum | posche laudar. 129 c. E llos alquanz | fai escorter. 124 a, 1 c. Las virtuz Crist | van annuncian. 121 b, 19 d. Meu evesquet | nem lez tener. Le. 16 c. Lis ols del cap | li fai crever. 26 d, 27 a. Domine deu | devemps lauder .1 a. dom sanct L. | vai asalier. 24 b.

119] (2) Der Vers enthält ausser den drei obigen noch einen accentuierten Satzteil:

(α) Dieser hängt mit den Wörtern, mit denen er zu einem Vsgl. vereinigt ist, eng zusammen; er bildet den Schluss des Vs. (R. 396):

ad (b): Ciest omne tiel | mult aima deus Le. 85 c.

120] (β) Derselbe hat keine syntaktische Beziehung zu dem übrigen Teil des Vsgl.; er steht am Anfang des Vs. (fehlt bei R.):

ad (b): que Jhesum Christ(is) | ben requeret. Pas. 101 d. Qua[r] el enfern | dunc asalit. 94 a. Pilas sas mans | dunques laved. 60 a. Joseps Pilat | mult a preia(r)[t]. 86 a,

121] Objekt und Verbum werden durch ein Prädikatsnomen getrennt (fehlt bei R.):

per que cest mund | tot a salvad. Pas. 1 d.

122] c. Verbum und eine andere adverbiale Bestimmung:

α. Verbum, trennender Satzteil — adverbiale Bestimmung:

Letztere ist meistens ein präpositionaler Ausdruck, einmal ein Akkusativ der Zeit: *veiades cinc* Pas. 105 b; einmal ein Adverbium der Zeit: *anc* Pas. 90 a.

(I) Die Cäsur bildet den stärksten syntaktischen Einschnitt innerhalb des Verses:

Ausser den drei obigen Satzteilen befinden sich keine accentuierten Satzteile im Verse:

Verbum und adverbiale Bestimmung werden getrennt:

(a) durch eine andere adverbiale Bestimmung (R. 437):

esmes oi di | en cest ahanz. Pas. 73 d. qu'il lo doist bien | de ciel savier. Le. 4 e.

123] (b) durch ein Verbum finitum (R. 440):

[E]spandut sunt | per tot ces mund Pas. 122 a. vedus furas | veiades cinc 105 b. canted aveien | de Jesu Crist 7 d. aproismer vol | a la ciutat 4 c.

124] (II) Hinter der ersten Silbe des 2. Vsgl. befindet sich ein ebenso starker syntaktischer Einschnitt als in der Cäsur:

Der das 2. Vsgl. beginnenden adverbialen Bestimmung folgt eine andere, ihr nicht koordinierte adverbiale Bestimmung mit eigenem Accent (R. 442):

Non fud asses | anc als felluns. Pas. 90a.

125] *β.* Adverbiale Bestimmung — trennender Satzteil, Verbum:

Die adverbiale Bestimmung ist in den meisten Fällen ein präpositionaler Ausdruck, einmal ein Accusativ der Zeit: *la noit* Pas. 49a, zuweilen ein Adverbium: *tan durament* Pas. 81b, *tan dulcement* 27b, *amarament* 50b, *Hebraice* 79c, *ensobretot* 47c, *nemperro* 85a, *voluntiers* Le. 22d, *fortmen* Pas. 80c, *dalo* 50a, *longtemps* 53c, *ases* 64a, Le. 40a.

(I) Der Zusammenhang der Rede ist innerhalb beider Vsgl. enger als in der Cäsur:

(1) Ausser den drei obigen Satzteilen befinden sich keine accentuierten Satzteile im Verse:

Der trennende Satzteil ist:

(a) das Subjekt (R. 458):

Davan Pilat | trestuit en van Pas. 90b. Ad dextris deu | Jhesus (e)s[e] set, 118b, 101a. et en son cab | fellun l'asisdrent. 62d. tan durament | terra crollet 81b. Anzque la noit | lo jalz cantes 49a.

126] (b) das Objekt (R. 450):

A cel sopar | un sermon fes. Pas. 28a. Al tradetur | baisair doned 87d. Envers Jhesum | sos olz to[r]ned 74a. A sos fidel | tot annuncias 103a. et en sa man | un raus li mesdrent 62b. de sanct L | consilier fist Le. 12b. et a sos sancz | honor porter 1b. et a gladies | |tot| percutan 23b.

127] (c) eine andere adverbiale Bestimmung (R. 450):

En Galilea | avant en vai. Pas. 103c. De regnum deu | semper parlet 113d, 18b. De purpure | donc lo vestirent. 62a. de son piu cor | greu suspiret. 13c, 18d. de lor mantelz | ben l'ant parad. 6b, 18d. ensobretot | si l'escarnissent. 47c, 48c, 94c. Hebraice | fortment lo dis. 79c. Amarament | mult se ploret. 50b. incontra deu | ben s'i garda. Le. 12d. et ob ses croix | fors s'en exit. 25b.

128] (d) die Partikel *si* (fehlt bei R.):

et sens cumgiet | si s'en ralet. Le. 14f.

129] (e) ein Prädikativ (fehlt bei R.):

De(g) cel enfern | toz nos liv(d)ret. Pas. 97c. En caritad | toz es unis. 69d. et al ters di | vivs pareistra. 91b.

130] (f) ein Verbum finitum (R. 454 u. 455):

en cel enfern | non fos anas. Pas. 96b. davan Pilat | l'en ant menet. 51b. Et cum asez | l'ont escarnid, 64a. E per es mund | roal[s] allar. 114a. Sobre son peiz | fes condurmir. 27c, 20c. Ab les femmes | pres a parler 65d, 27b. que de sa mort | posches neger, 60b. vers nostre don | son aproiamed. 36b, 125d, 128c. Super li piez | ne pod ester. Le. 28c. En un monstier | me laisse intrer. 16e. Davant lo rei | en fud laudies. 7e.

131] (2) Ausser den obigen Satzteilen befindet sich im Verse noch ein accentuierter Satzteil:

Dieser steht mit dem übrigen Teil des Vsgl., welchem er angehört:

(α) in direkter syntaktischer Beziehung und nimmt den Schluss des Verses ein (R. 450):

ad (d): et sen peched | si ported lui. Pas. 89 b.

132] *ad* (e): Mais nemperro | granz fu li dols. Pas. 85 a. Et in raisons | bels oth sermons. Le. 6 e.

133] (β) nicht in direkter syntaktischer Beziehung. Alsdann steht er am Anfang des Verses (R. 35):

ad (a): Qui in templum dei | cortine pend. Pas. 82 c.

134] *ad* (c): chi en epsa mort | semper fu pius. Pas. 75 b. Il voluntiers | semper reciut. Le. 22 d.

135] (II) Der Zusammenhang der Rede gestattet in der Mitte des 1. Vsgl. ein ebenso langes Innehalten des Sprechenden als in der Cäsur (fehlt bei R.):

Der adverbialen Bestimmung geht vorher:

1) das Subjekt:

ad (c): Jhesus fortmen | dunc recridet. Pas. 80 c. Petrus dalo | fors s'en aled. 50 a.

136] 2) ein Objekt:

ad (c): L'aurelia a(d)[l] serv | semper saned. Pas. 41 b.

137] *ad* (e): alquans en fog | viva trebucher. Pas. 124 b.

138] *ad* (f): Alcans en crus | fai (l)[s]oslevar. Pas. 123 c.

139] 3) eine andere adverbiale Bestimmung:

ad (c): De lui longtemps | mult a audit. Pas. 53 c.

140] *ad* (f): Del corps asaz | l'aves audit. Le. 40 a.

141] d. Verbum und Prädikatsnomen:

Prädikatsnomen — trennender Satzteil, Verbum:

Die Cäsur ist scharf markiert. Neben den angegebenen Satzteilen befinden sich nur unaccentuierte Wörter im Verse (R. 497):

que quaisses mors | a terra vengren. Pas. 100 c. Tos consilier | ja non estrai. Le. 16 b.

142] (B) Teile eines Satzgliedes:

In allen hierhergehörigen Fällen ist die in der Cäsur eintretende Unterbrechung der Rede stärker als eine etwaige im Innern eines Vsgl. stattfindende.

Das durch die Cäsur gespaltene Satzglied ist:

a. ein Prädikat, welches aus einem Verbum finitum und einem Infinitiv oder Gerundium besteht:

α. Verbum finitum, trennender Satzteil — trennender Satzteil, Infinitiv.

Ausser diesen Satzteilen befinden sich keine accentuierten Satzteile im Verse.

Vor der Cäsur steht das Subjekt, hinter derselben ein Prädikativ auf dasselbe (R. 384, 432):

No lor pod om | vivs constrastar. Pas. 121 c.

143] β. Verbum finitum, trennender Satzteil — Infinitiv
(R. 386, 387):

Das Verbum finitum, dem ein accentuierter Satzteil vorangeht, ist vom Infinitiv getrennt:

(a) durch das Subjekt:
Do[n]o pres L. | a preIar. Le. 31 e.

144] (b) durch ein Adverbium:
deu preadrent mult | a comlauder. Le. 85 f.

145] γ. Verbum finitum — trennender Satzteil, Infinitiv:

Dem Verbum finitum geht immer ein accentuierter Satzteil vorher:

Es ist vom Infinitiv getrennt:

(a) durch ein von diesem abhängiges Objekt (R. 381, 418):
[D'e]qui venra | tos judicar. Pas. 118 c.

146] (b) durch eine andere zum Infinitiv gehörige adverbiale Bestimmung (R. 418):

Femmes lui van | detras seguen. Pas. 65 a. Hor a pordud | domdeu parlier. Le. 27 e, 28 e.

147] δ. Infinitiv — trennender Satzteil, Verbum finitum
(fehlt bei R.):

(1) Der Vers enthält ausser diesen drei Satzteilen keinen weiteren accentuierten Satzteil:

Hinter der Cäsur steht das Subjekt:
A coleier | fellon lo preadrent. Pas. 47 b.

148] (2) Dem Infinitiv geht ein accentuierter, vom Verbum finitum abhängiger Satzteil vorher:

Das 2. Vsgl. beginnt:

(a) mit einem Adverbium:
trestos orar | bein los manded. Pas. 81 d.

149] (b) mit einem Prädikativ:
(e)[a]van orar | sols en anez, Pas. 80 d.

150] b. ein Prädikat, welches aus einem Hülfsverbum *(avoir)*
und einem Participium besteht:

α. Hülfsverbum, trennender Satzteil — Participium (R. 490):

(1) Ausser diesen drei Satzteilen finden sich nur tonlose
Wörter im Verse:

Das 1. Vsgl. schliesst mit einem Prädikativ:

Cum ai l'aut toth | vituperet. Le. 27c.

151] (2) Dem Hülfsverb geht ein accentuiertes Objekt voran:
Vor der Cäsur steht das Subjekt:

Lo cap a Crist | esvegurad. Pas. 125c.

152] β. Hülfsverbum — trennender Satzteil, Participium
(R. 485):

Das Hülfsverbum, dem ein accentuiertes Objekt vorangeht,
ist vom Participium durch ein zum Objekt gehöriges Adjektiv
getrennt:

Cum fulc en aut | grand adunat. Le. 22e.

153] c. ein von einem Attribut begleitetes Substantiv:

α. Substantiv, trennender Satzteil — Attribut (präpositionaler
Ausdruck):

Diese Satzteile füllen den ganzen Vers aus (R. 515):

Corona prendent | de las espines. Pas. 62c.

154] β. Substantiv — trennender Satzteil, Attribut (Participium) (fehlt bei R.):

Vor dem Substantiv steht ein syntaktisch mit ihm ver-
bundenes Verbum. Der trennende Satzteil ist eine vom Attribut abhängige adverbiale Bestimmung:

Nol pod nul om | de madre nas. Pas. 112d.

155] γ. Attribut (präpositionaler Ausdruck) — trennender
Satzteil, Substantiv (R. 519):

Diese Satzteile füllen den Vers:

Das 2. Vsgl. beginnt mit dem Subjekt:

dels olivers | al(a)quant las branches. Pas. 10b.

156] 2. Zwischen beiden durch die Cäsur geschiedenen einander subordinierten Satzteilen stehen
nur tonlose Partikeln, welche das 2. Vsgl. beginnen und sich proklitisch an den zweiten Satzteil
anlehnen:

Die beiden Satzteile sind:

(A) zwei vollständige Satzglieder:

a. Subjekt und Prädikat:

Subjekt — Prädikat:

Nie findet sich im Innern beider Vsgl. ein stärkerer syntaktischer Einschnitt als in der Cäsur.

(1) Subjekt und Prädikat sind die einzigen accentuierten Satzteile des Verses:

(a) Das hinter der Cäsur stehende tonlose Wort besitzt syllabische Geltung (R. 330):

Lo sos regnas | non es devis. Pas. 69c. Quar finimuns | non es mult lon 127a. Nuls om mortals | nol pod penser 85c. Li soi fidel | en son tornat 119a, 82a. Et sc. L. | lis prediat. Le. 86c.

157] (b) Das tonlose Wort bildet keine Silbe für sich (R. 333):

Sans Symeons | l'o(i)|t] percogded. Pas. 85d.

158] (2) Ausser den beiden obigen Satzteilen enthält der Vers noch einen accentuierten Satzteil, welcher den Schluss des Vs. bildet und von dem Verbum des 2. Vsgl. abhängt (R. 330):

ad (a): Et sc. L. | nes soth mesfait. Le. 15e.

159] b. Objekt — Verbum:

In allen hierhergehörigen Fällen bezeichnet die Cäsur den einzig möglichen Ruhepunkt im Innern des Verses:

(1) Ausser den beiden obigen befinden sich keine accentuierten Satzteile im Verse:

Das tonlose Wort bildet immer eine Silbe für sich (R. 389):

Lingues noves | il parlaran. Pus. 115c. Argent ne aur / non i donet 97a. fort saccrament l lor commandes 24b, 92d. tot sos fidels l i saciet 25b, 87b. Sa gratia | li perdonat. Le. 8d. La labia | li restaurat 81a.

160] (2) Es befindet sich noch ein dritter accentuierter Satzteil im Verse, nämlich das Subjekt, welches vor dem Objekt steht. Das 1. Vsgl. besteht daher nicht aus direkt auf einander bezüglichen Satzteilen (R. 32, 59):

mas vos Petdrun | noi oblides. Pas. 103b.

161] Einmal folgt unter diesen Umständen auf das Verbum ein zum Objekt gehöriges Adjektiv:

quar el forsfait | non f(e)ist neul. Pas. 44d.

162] c. adverbiale Bestimmung — Verbum:

Die adverbiale Bestimmung ist gewöhnlich ein präpositionaler Ausdruck, zuweilen ein Dativ: *fellon Pilad* Pas. 55d, *nostrae senior* 70d, *domine deu* Le. 36d, *Erod* Pas. 52a, einmal ein Accusativ der Zeit: *cela noit* Pas. 29b, zuweilen ein Adverb: *tam benlement* Pas. 33b, *si piament* 74b, *fortment* 29c, *semper* 53b, *ans* 56a.

(I) Der Zusammenhang der Rede ist innerhalb
der Vsgl. enger als in der Cäsur:

(1) Der Vers enthält ausser den beiden obigen Satzteilen
keine accentuierten Satzteile:

(a) Das hinter der Cäsur stehende tonlose Wort bildet eine
Silbe für sich (R. 451):

> A grand honor | el l'enportet. Pas. 86c. per epsa mort | nol gur-
> pira 29d. Si piament | lui appelled 74b, 29b. Fellon Pilad | lo retra-
> mes 55d. per ta pitad | lom perdones 128d. En veritad | los confirmet
> 111b, 97d, 33b. a grand honor | en contraxirent 9d. Domine deu | il
> les lucrat. Le. 86d. A nuil omne | nol demonstrat 13f. ab un inspieth |
> lo decollat 38f.

163] (b) Das hinter der Cäsur stehende Wort bildet keine Silbe
für sich (R. 451):

> En sos chamsils | l'envolopet. Pas. 86d.

164] (2) Der Vers enthält noch einen dritten accentuierten
Satzteil:

(a) Dieser ist mit dem Rest des Vsgl., welchem er angehört,
syntaktisch eng verbunden:

er bildet den Schluss des Verses (R. 451):

> ad(a): nostre senior | lo tenden il. Pas. 70d. entro en cel | en van las
> vos 59b. Estre so gret | en fiedren rei. Le. 11b. Por lo regnet | lo
> sowrent (toit) [tost] 20b. Als altres sans | en vai en cel 40d.

165] (β) Derselbe hängt mit dem übrigen Teil des Vsgl. syntaktisch nicht direkt zusammen;

er steht am Anfang des Verses und ist das Subjekt
(R. 35, 451):

> ad (b): Il tot entorn | t'arberjaran. Pas. 15c.

166] ad (a): Pilas Erod | l'en enviet. Pas. 52a.

167] (3) Einmal folgt, während der adverbialen Bestimmung
das Subjekt voraufgeht, dem Verbum ein von ihm abhängiger
accentuierter Satzteil nach (R. 35):

> ad (a): Il per escarn | o fan trestot. Pas. 71d.

168] (II) Der Zusammenhang der Rede ist in der
Cäsur enger als in der Mitte des 1. Vsgl.:

Der adverbialen Bestimmung geht vorher:

(α) das Subjekt des Satzes (R. 35):

> ad (a): Pedres fortment | s'en aduned. Pas. 29c (cf. Roland 2940:
> L'anme del cors | me seit oi departie).

169] (β) ein Prädikatsnomen (fehlt bei R.):

> ad (a): mult les semper | en esdevint. Pas. 53b.

170] (γ) das Subjekt des übergeordneten Satzes (fehlt bei R.):

> ad (a): Pilas que ans | l'en vol laisar. Pas. 56a.

171] (B) Teile eines Satzgliedes:

Es findet sich nur ein Fall. Die Cäsur ist in demselben scharf markiert (R. 417):

Occidere ¡ lo commandat. Le. 37 d.

172] 3. Die beiden durch die Cäsur geschiedenen einander subordinierten Satzteile stehen unmittelbar neben einander:

Es sind:

(A) Vollständige Satzglieder:

a. Subjekt und Prädikat:

α. Subjekt — Prädikat:

Die Cäsur bildet stets den stärksten syntaktischen Einschnitt innerhalb des Verses:

(1) Ausser dem Subjekt und dem Prädikat befinden sich keine accentuierten Satzteile im Verse (R. 331):

le spiritus ¡ aparegues. Pas. 110 d. tuit soi fidel ¦ devent ester 69b- Cum cel asnes ¦ fu amenaz 6a, 51a, 98b. Soc monument ¦ fure tos nous 89c. Ciel Laudebert ¦ fure buons om. Le. 33e.

173] (2) Der Vers enthält ausser den beiden obigen noch einen weiteren accentuierten Satzteil:

(a) Dieser bezieht sich syntaktisch direkt auf den Satzteil, mit welchem er zusammen ein Vsgl. bildet;

er steht am Ende des Verses (R. 331):

Tuit li felun ¦ cadegrant jos. Pas. 85 b. Si alcuns d'els ¦ beven veram 116a. Tuit li fellon ¦ orident adun 46 b. que grant [pavors ¦ pres] (pres pavors) als Judeus. 19 b. Et Ewruins ¦ ott en gran dol. Le. 11c, 13d. Et sc. L. ¦ flst ron mestier. 14c, 18a, 19a.

174] (b) Der dritte accentuierte Satzteil hängt syntaktisch nicht mit dem Satzglied zusammen, mit dem er zu einem Vsgl. vereinigt ist;

er steht am Anfang des Verses (fehlt bei R.):

a cui Jhesus ¦ furet menez. Pas. 43 b.

175] (3) Während dem Subjekt ein grammatisch nicht zu ihm gehöriger accentuierter Satzteil voraufgeht, folgt dem Prädikat ein von demselben abhängiger Satzteil mit eigenem Accent nach (R. 36):

cui una sopa ¦ enflet lo cor. Pas. 25 d. o li sos corps ¦ jac desabanz 102d· que li suos corps ¦ susting si granz. Le. 2 d.

176] β. Prädikat — Subjekt:

(I) Der Zusammenhang der Rede ist innerhalb beider Vsgl. enger als in der Cäsur:

(1) Prädikat und Subjekt sind die beiden einzigen accentuierten Satzteile im Verse (R. 345):

Embla(r)[t] l'auran | li soi fidel. Pas. 91c, Non t'o permet | tos grans orgols. 14d, 56b. ques t'asaldran | toi inimic. 15b. Cum aproismed | sa passiuns. 4a, 9a. Nel condignet | nuls de sos piers. Le. 10e. luil comandat | ciel reis Lothiers. 4b. Quandius visquet | ciel reis Lothier, 9a.

177] (2) Der Vers enthält noch einen weiteren accentuierten Satzteil:

Dieser ist mit dem Satzteil, mit welchem er zu einem Vsgl. vereinigt ist, syntaktisch eng verbunden; er steht am Anfang des Verses (R. 345):

Ja s'adunent | li soi fidel. Pas. 108a. Et qui era | li om primers 95a, 59a, 60c. Quar anc non fo | nul om carnals 96a. Davant l'ested / le pontifex 45a. Signes faran | li soi fidel 115a. Primeral vit | sancta Mariae 105c. L'anima reciu(n)t | domine deus. Le. 40c.

178] (II) Es findet sich im Innern des einen Vsgl. ein stärkerer oder ein mindestens ebenso starker syntaktischer Einschnitt als in der Cäsur:

(1) im Innern des 1. Vsgl.:

(a) nach der zweiten Silbe:

Am Anfang des Verses steht ein elliptischer Satz (R. 21):

»Amicx!« zo dis | lo bons Jhesus. Pas. 38a. (cf. O fils! cui erent | mes grans eredites. Alexius 81a. Lasse! Que n'ai | un hume ki m'ociet! Rol. 2723).

179] (b) nach der drittten Silbe:

Dem Prädikat geht eine zu ihm gehörige adverbiale Bestimmung voran (R. 345):

Sobre nos s(ia)[eit] | tos li pechez. Pas. 60d (cf. Cuntre lui vient / sis cumpaign Oliviers. Rol. 793. Bataille veit | cil qui entr'els volt estre 3404. D'altre part est | Turgis de Turteluse 916; ferner: 931, 940, 975).

180] (2) im Innern des 2. Vsgl., und zwar nach dem Subjekt, dem ein Satzteil folgt, welcher sich nicht auf dasselbe bezieht:

Das Subjekt umfasst:

(a) zwei Silben (R. 106 u. 109):

dunc escrided | Jhesus grans cris. Pas. 79c. Enpasche veng | vertuz de cel 120c. (Cf.: Deu en apelent | andui parfitement Alexius 5c. N'asemblereit | Carles si grant esfors Roland 599, 8066. Apres parlat | sis fils envers Marsilie 495. Le jur passerent | Franceis a grant dolur 816, 1908, 1056).

181 (b) eine Silbe (fehlt bei R.):

Per cio laissed | deus se neier· Pas. 50c.

(B) **Teile** eines **Satzgliedes:**
...t sich **nur** ein Fall. Die Cäsur ist in
...iert (R. 417):
...lo com......dat. Le. 37d.

...ie beiden durch die Cäsur ge...
...r subordinierten Satzteile ste...
...eben einander:

...ind:

(A) **Vollständige Satzglie...**
 a. Subjekt und Prädikat:
 α. Subjekt — Prädikat:
...e Cäsur **bildet** stets den stärksten sy...
...alb des **Verses:**

1) Ausser **dem** Subjekt und dem
...accentuierten Satzteile im Verse (1...
...le spiritus | **aparegues. Pas.** 110d. tuit
...cel usnez | **fu amennz** 6a, 51a, 98b. ...
...Ciel **Laudebert** | fura buons om. Le. ...

...] (2) Der **Vers** enthält ausser...
...en weiteren accentuierten Satztei...

(a) Dieser bezieht sich syntak...
...it welchem er zusammen ein V...
...er steht am Ende des Verses...
...Tuit li **felun** | cudegrant jos. P...
16a. Tuit li **fellon** | crident adun...
...vors) als **Judeus.** 19b. Et Ewrui...
...L. | fist +on **mestier.** 14c, 18a, ...
74] (b) Der dritte accen...
...icht mit dem Satzglied zusa...
...ereinigt ist;
...er steht am Anfang d...
...cui Jhesus | furet mene...
5] (3) Während dem
...höriger accentu...r S...
...von dema...
36): dema...
...cui una...
...que li...

… nich nicht direkt auf den übrigen

… (fehlt bei R.):

Pas. 44 b.

… dem Objekt und dem Verbum
…eile, von denen der eine dem Ob-
… nicht auf dasselbe bezieht, und der
…olgt und von diesem abhängt (fehlt

…re. Pas. 9c. Quar il lo fel | mesclen ab vir*70c.

…ine andere adverbiale Bestimmung:

— adverbiale Bestimmung:

… ein präpositionaler Ausdruck, zuweilen
…iner aus einem präpositionalen Adverbiale
…n: *sus en la crus* Pas. 72a, 71a; *ens en
… temps* 88d; *donc a ciels temps* Le. 3a, 6b;
…v der Zeit: *pentecostem* Pas. 119d; *et noit
33c*; zuweilen ein Adverbium: *adenavant
*. 89d; *mais* Le. 27f, 28f.

…ur bildet den stärksten syntak-
…nnitt innerhalb des Verses (R. 418):

…den obigen sind die einzigen accentuierten Satz-
(R. 418):

…m | per ta mercet. Pas. 90c, 45b. que me tradas | per
…. deglo(di)dicent | pentecostem 119c. Nos te laudam |
… el susleved | del piu manjer 23c. Cum el perveng | a
…i l'ent menen | a passiun 41d, 99b. chi traverset | per lo
…um il l'an mes | sus en la cruz 72a, 71a. cum il edrat/
Le. 19f. Cio confortent | ad ambes duos 20e. Il nos ajud |
40e. qu'il encusat | ab Chielpering 13b. Cio li rova | et
…c. Quant infans fud | donc a ciels temps 3a. paschas fu-
cel di 14b. Laissel intrar | in u monstier 17b, 24c, 11f,

Der Vers enthält noch einen dritten accentuierten
…der mit den Wörtern, mit denen er ein Vsgl. bildet,
…ch direkt zusammenhängt:

…selbe steht am Anfang des Verses (R. 418):

…abzizar | in trinitad. Pas. 114b. Signes fazen | per podestat 121d.
…n | enz en su gola 26b. ci tal don fais | per ta mercet 76b.
…ausen | el monument 88c. de met membres | per ta mercet 74c.
…trades | in to baisol? 38b. Semper leved | del piu manjer 26c.
…venras | in paradis 75d. Petdres lo vit | en eps cel di 106c.
…s) non jag | anc a cel temps 88d. Jhesus estet | enmet trestoz
…ue Jhesus fes | pus passion 112b. Re volunt fair | estre so gred.
Peis li promest | adenavant 32f. don deu servier | por bona
Li tres vindrent | a so. L. 38a.

182]   b. Verbum und Objekt:

α. Verbum — Objekt:

(I) Der Zusammenhang der Rede ist innerhalb beider Vsgl. enger als in der Cäsur:

(1) Ausser dem Verbum und dem Objekt befinden sich keine accentuierten Satzteile im Verse (R. 356):

il non dobten | negun Judeu. Pas. 120d. per remembrar | sa passiun 24c.
si consegued | u serv fellon 40c. Garda si vid | grand claritet Le. 34c.
i visitet | L. son serv 30f.

183]   (2) Der Vers enthält drei accentuierte Satzteile:

Jedes Vsgl. besteht aus direkt auf einander bezüglichen Satzteilen (R. 356):

ja lor gurpis | nostre sennior. Pas. 61b, 67c, 92b. semper li tend /
lo son menton. 37b, 1a. de nos aies | vera mercet. 77b. per toz soless /
comuna lei. 96d (Ass. falsch). A toz rendra | e ben e mal. 118d. Venes
veder | lo loc voiant. 102c. lo mels signs ! [sa] deitat. 111d. Hor en
aurez | las poenas granz. Le. 26n. por cui sustinc | tels passions. 40f.
Et hanc en aut | merci si grand 81c. deus exaudis | lis sos pensaez 29b.
l'an(i)ma n'aura | consolament 29f.

184]   (II) Es findet sich ein Vers, in welchem nach der fünften Silbe eine stärkere Unterbrechung der Rede eintritt als in der Cäsur:

Sed il non ad | lingu'a parlier. Le. 29a.

(Das durch die Cäsur vom voraufgehenden Verbum getrennte Objekt ist im Alexius und Roland niemals einsilbig, wohl aber zuweilen zweisilbig (cf. 136, 185):

or volt que prenget | moyler a sun vivant Alexius 8d. si vait ferir /
Gerin par sa grand force Rol. 1575, 656, 791, 892. Unques n'en (oi)
[ai] | poür la u tu fus Rol. 2046, 1804.)

185]   β. Objekt — Verbum:

Die Cäsur bildet stets den stärksten syntaktischen Einschnitt innerhalb des Verses:

(1) Objekt und Verbum sind die beiden einzigen accentuierten Satzteile des Verses (R. 390):

quae sua fin | veder voldrat. Pas. 42d. vostres talenz | adempli-
rant. 21d. et diables | encalceran. 115d. Pobl' e(n) lo rei | communiet.
Le. 14e.

186]   (2) Der Vers weist noch einen dritten accentuierten Satzteil auf:

(a) Dieser steht mit dem übrigen Teil des Vsgl., welchem er angehört, in direkter syntaktischer Beziehung; er nimmt den Schluss des Verses ein (R. 390):

Cum cela carn | vidra murir. Pas. 83c. Regnum dei | nuncent per
tot. 122b. Si chera merz | ven si petit. 22c. quae tot ciel miel ! laisses
por deu. Le. 25d. Humilitiet | oth per trestoz. 6f. et sc. L. | duis a son
dom. 88f.

187] (b) Derselbe bezieht sich nicht direkt auf den übrigen Teil des Vsgl.:

er geht dem Objekt voran (fehlt bei R.):

cum il Jheaum | oicisesant. Pas. 44 b.

188] (3) Der Vers hat ausser dem Objekt und dem Verbum noch zwei accentuierte Satzteile, von denen der eine dem Objekt vorangeht, sich aber nicht auf dasselbe bezieht, und der andere dem Verbum nachfolgt und von diesem abhängt (fehlt bei R.):

chi epa lo mors / fai se revivere. Pas. 9c. Quar il lo fel | mesclen ab vir*70c.

189] c. Verbum und eine andere adverbiale Bestimmung:

α. Verbum — adverbiale Bestimmung:

Letztere ist meistens ein präpositionaler Ausdruck, zuweilen ein Adverbium mit einer aus einem präpositionalen Adverbiale bestehenden Apposition: *sus en la crus* Pas. 72a, 71a; *ens en sa gola* 26b; *anc a cel temps* 88d; *donc a ciels temps* Le. 3a, 6b; dreimal ein Accusativ der Zeit: *pentecostem* Pas. 119d; *et noit e di* Pas. 77a, Le. 33c; zuweilen ein Adverbium: *adenavant* Le. 32f; *unque* Pas. 89d; *mais* Le. 27f, 28f.

(I) Die Cäsur bildet den stärksten syntaktischen Einschnitt innerhalb des Verses (R. 418):

(1) Die beiden obigen sind die einzigen accentuierten Satzteile des Verses (R. 418):

Nos te praeiam | per ta mercet. Pas. 90c, 45b. que me tradas | per cobetat 88d, 45c. deglo(di)dicent | pentecostem 119c. Nos te laudam / et noit e di 77a. el susleved | del piu manjer 23c. Cum el perveng | a Golgota 67a. si l'ent menen | a passiun 41d, 99b. chi traverset | per lo son cor 85b. Cum il l'an mes | sus en la cruz 72a, 71a. cum il edrat / por mala fid. Le. 19f. Cio confortent | ad ambes duos 20e. Il nos ajud / ob ciel senior 40e. qu'il encusat | ab Chielpering 13b. Cio li rova | et noit et di 33c. Quant infans fud | donc a ciels temps 3a. paschas furont | in eps cel di 14b. Laissel intrar | in u monstier 17b, 24c, 11f, 21b, 20f.

190] (2) Der Vers enthält noch einen dritten accentuierten Satzteil, der mit den Wörtern, mit denen er ein Vsgl. bildet, syntaktisch direkt zusammenhängt:

Derselbe steht am Anfang des Verses (R. 418):

toz babaizar | in trinitad. Pas. 114b. Signes fazen | per podestat 121d. diable sen | ens en su gola 26b. ci tal don fais | per ta mercet 76b. Dunc lo pausen | el monument 88c. de met membres | per ta mercet 74c. purquem trades | in to baisol? 38b. Semper leved | del piu manjer 26c. ab me venras | in paradis 75d. Petdres lo vit | en eps cel di 106c. o cors(pus) non jag | anc a cel temps 88d. Jhesus estet | eumet trestoz 108d. que Jhesus fez | pus passion 112b. Re volunt fair | estre so gred. Le. 10f. Peis li promest | adenavant 32f. don deu servier | por bona fied 4f. Li tres vindrent | a sc. L. 38a.

191] (3) Während dem Verbum ein mit ihm eng zusammen-
hängender accentuierter Satzteil vorangeht, folgt der adverbialen Bestimmung ein accentuierter Satzteil nach, welcher sich
nicht auf sie bezieht (R. 419—424:)

Ciel ne fud nes | de medre vivs. Le. 23e.

192] (II) Es findet an einer andern Stelle innerhalb des Verses eine stärkere Unterbrechung der
Rede statt als in der Cäsur:

(a) innerhalb des 1. Vsgl.,

und zwar nach der dritten Silbe:

tres femmes van | al monument. Pas. 98c. Avan tos vai | a pasdun
64d. (Cf. R. 418: Blancandrins vint | devant l'empereur. Rol. 414):

193] (b) innerhalb des 2. Vsgl.:

(a) nach der zweiten Silbe desselben:

Ans lui noi jag | unque nuls om. Pas. 89d. (Cf. R. 419: Iloc con-
verset | eisi dis e set ans. Alexius 55a, 44b, 115b. N'asemblereit | jamais
si grant esfors Rol. 599 (nur in O, fragliche Lesart), 3236. Greignor fais
portet | par giu, quant il s'enveiset. Rol. 977.)

194] (β) nach der ersten Silbe:

Ja non podra | mais deu laudier. Le. 27f u. 28f. (Cf. R. 420: Ne s'en
corucet | giens cil saintismes hom. Alexius 54c (giens steht nur in L;
APS haben dafür icil).

195]   β. Adverbiale Bestimmung — Verbum:

Erstere ist meistens ein präpositionaler Ausdruck, einma:
ein Gerundium: lor vedent Pas. 118a, zuweilen ein Adverbium.
molt ben Pas. 84a, desabans 52b, 120a, desans 42b, abans 115bl
Die Cäsur bildet immer den stärksten syntaktischen Einschnitt innerhalb des Verses:

(1) Die beiden obigen sind die beiden einzigen accentuierten Satzteile des Verses (R. 452, 457):

Per loi medeps | audit l'avem. Pas. 46d. Contra nos eps | pugnar
devem 126b.' Ensembl' ab elz | bec e manjed 113c. per muls semblanz
/ [aparegues] 113b. et a terra | crebantaran 15d. Por ciel tiel duol /
rovas clergier. Le. 11e.

196] (2) Der Vers enthält noch einen dritten accentuierten Satzteil:

(a) Dieser hängt mit den Wörtern, mit denen er zu einem
Vsgl. vereinigt ist, syntaktisch eng zusammen;

er steht am Ende des Verses (R. 452):

Delaz la cros | estet Mariae. Pas. 83a. De totas part | presdrent
Jesum 39b. Entre cela dos ! pendent Jhesum 71c. As sos fedels | laved
lis ped 23d, 123b. A totas treis | chedent envers 35d. E lor vedent /
montet en cel 118a. de Chielperig | feissent rei. Le. 9f. In su' amor /
cantomps del[s] sanz 1c.

197] (b) Derselbe steht mit dem übrigen Teil des Vsgl. nicht in Beziehung;

er geht der adverbialen Bestimmung vorher (R. 35):

Il desabans | sunt aserad. Pas. 120a. Ela molt ben | sab remembrar 84a. cum el desans | dis lor avei[t] (a) 42b. quals el abans | faire sol(iae)[eit] 115b.

198] (3) Während der adverbialen Bestimmung ein grammatisch nicht zu ihr gehöriger accentuierter Satzteil vorhergeht, folgt dem Verbum ein von demselben abhängiger accentuierter Satzteil nach (R. 69):

cui desabans | voliet mel. Pas. 52b. dos a sos las | penden lasruns 71b. afans per nos | susteg mult grans 4d.

199] d. Verbum und Prädikatsnomen:

Verbum — Prädikatsnomen:

(I) Die Cäsur bildet den stärsten syntaktischen Einschnitt innerhalb des Verses:

Ausser den beiden obigen befindet sich noch ein accentuierter Satzteil im Verse. Derselbe geht dem Verbum, von welchem er abhängt, voran (R. 483, 491):

quae donc deveng | anatemaz. Le. 21d. en corp los ad | etspiritiels 29d.

200] (II) Zwischen der ersten und zweiten Silbe des 2. Vsgl. befindet sich ein mindestens ebenso starker syntaktischer Einschnitt als in der Cäsur:

Dem Prädikativ folgt eine adverbiale Bestimmung nach:

Il lo presdrent | tuit a conseil. Le. 11a.

(Im Alexius und Roland fehlen derartige Verse; doch begegnet in letzterem Gedicht ein analoger Vs, in welchem die Cäsur viel schwächer ist:

Eins le vespre (mult) ert [mult] gref la departie 1736 (> V'. fehlt den übrigen); cf. R. 480).

201] (B) Teile eines Satzgliedes:

Das durch die Cäsur gespaltene Satzglied ist:

a. ein Prädikat, welches aus einem Verbum finitum und einem Infinitiv besteht:

α. Verbum finitum — Infinitiv:

(1) Es findet innerhalb der Vsgl. keine stärkere Unterbrechung der Rede statt als in der Cäsur:

Ausser dem Verbum finitum und dem Infinitiv befindet sich noch ein accentuierter Satzteil im Vs.:

Derselbe steht:

(a) am Anfang des Vs. (R. 379):

Ewrui prist | a castier. Le. 18b. lo regne prest | a devastar 22f. Sos clerjes pres | [a] revesti(s)[r] 25a.

202] (b) am Schluss des Vs. (R. 380):

si tu laises | vivre Jhesum. Pas. 59a.

203] (II) Der Zusammenhang der Rede ist in der Cäsur enger als innerhalb beider Vsgl.:

Jedes Vsgl. besteht aus direkt auf einander bezüglichen Satzteilen:

Poble ben flst | credre in deu. Le. 31f. (Cf. R. 379: *Marsilies fait | porter un Kore avant* Bol. 610. *Sus ciel ne quid | aveir ami un sul* 2904).

β. Infinitiv − Hülfsverbum (fehlt bei R.):

Poisses laisar | si l'en annar. Pas. 58 d.

204] b. ein Prädikat, welches aus einem Hülfsverbum und einem Participium besteht:

α. Hülfsverb *(avoir)* − Participium:

Der Zusammenhang der Rede ist in der Cäsur enger als (a) im Innern des 2. Vsgl.:

Et cum il l'aut | tollut lo queu. Le. 39 a. Et cum il l'aut | doit de ciel art 5 a.

205] (b) im Innern beider Vsgl.:

Grans en avem | agud errors. Pas. 92 a. Alques vos ai | deit de raizon 112 a. Judas, cum og | manjed la sopa 26 a. (Cf. R. 475: *la bataille est | aduree endementres* Bol. 1896. *Marsilies fut | escolurets de l'ire* 485. *Ne nus seiuns | conduis a mendeier* 46. *Vers vos s'en est | parjures e mal mis* 3630. *El cors vos est | entree mortel rage* 747. Ferner cf. R. 486: *Ensemble avum | estet e ans e dis* 2028. Ferner cf. R. 489: *Sur mei aves | turnet fals jugement* 828. *Quant Tierris ad | vencue sa bataille* 3934.)

206] β. Participium − Hülfsverbum *(estre)*:

Es findet sich nur ein Fall. In demselben ist die Cäsur der einzig mögliche Ruhepunkt innerhalb des Vs. (R. 494):

bien honores | fud sancz Lethgiers. Le. 9 b.

207] c. ein von einem Attribut begleitetes Substantiv:

[I] Das Attribut ist ein präpositionaler Ausdruck oder ein Genitiv:

α. Substantiv − Attribut:

(I) Die Cäsur bildet den stärksten syntaktischen Einschnittt innerhalb des Vs.:

(1) Das Attribut füllt das 2. Vsgl. Dem Substantiv gehen Wörter vorher, die mit demselben in engster Beziehung stehen (R. 501, 502):

davan la porta | de la ciptad. Pas. 67 b. non es amics | lemperador 59 d. Tuit li omne | de ciel pais. Le. 36 a. Ne fud nuls om | del son juvent 6 a.

208] (2) Dem Attribut folgt ein syntaktisch nicht zu ihm gehöriger Satzteil nach (R. 506—511):

ja fos la cha[r]ns | de lui aucise. Pas. 93 c.

209] (II) Es befindet sich an anderer Stelle innerhalb des Vs. ein stärkerer syntaktischer Einschnitt
als in der Cäsur, und zwar:

(a) zwischen der zweiten und dritten Silbe (fehlt bei R.):
Audez, fillies | Jerusalem! Pas. 66a.

210] (b) zwischen der sechsten und siebenten Silbe:

(et) si oum roors | in cel es grans. Le. 34e. (Cf. R. 151: *Vint i
Gerart | de Rossillon, li fiers* Rol. 797, 2409. Ferner cf. R. 507: *Eas en
la fosse | des leons o fut ens* 8105. Cf. R. 509: *e de l'honur | del secle
ne l'encumbrent* Alexius 40e. *A un perrun | de marbre est descenduts*
Rol. 2819, 12, 2966, 2967. Cf. R. 510: *Les [dis] escheles | Charlun li ad
mustrees* Rol. 3314, 3552; Alex. 63d. Cf. R. 142: *De seint Michel | de
Paris josqu'as Seins* Rol. 1428.)

211]   β. Attribut — Substantiv:

Die Cäsur bildet immer den stärksten syntaktischen Einschnitt innerhalb des Vs. (R. 518):

de sa sudor | las sanctas gutas. Pas. 32d. Cum de Jhesu | l'anma
n'anet 81a.   avant dels sos | dos enveied 5c. De sanct Maxenz | abbas
divint. Le. 5f. de Hostedun | evesque en fist 8f.

212] [II] Das Attribut ist ein Substantiv oder Adjektiv:

α. Substantiv — Attribut:

Es findet sich innerhalb der Vsgl. kein stärkerer syntaktischer Einschnitt als in der Cäsur:

Das Attribut füllt das 2. Vsgl.:

(a) Das 1. Vsgl. enthält ausser zwei koordinierten Sub-
stantiven, auf welche sich das Attribut bezieht, keinen accentuierten Satzteil (R. 503):

De pan et vin | sanctificat. Pas. 25a.

313] (b) Das 1. Vsgl. enthält ausser dem Substantiv noch einen
accentuierten Satzteil, nämlich das regierende Verbum (R. 503):

rendet ciel fruit | [e]spiritiel. Le. 86e.

214]   β. Attribut — Substantiv:

(I) Der Zusammenhang der Rede ist an keiner
andern Stelle innerhalb des Verses weniger eng
als in der Cäsur:

Das Substantiv füllt das 2. Vsgl. (fehlt bei R., aber cf.
520, 533):

Lo fel Judes | Escarioth. Pas. 21a.   maisque Judes | Escharioth 25c.
Per sua grand | humilitat 7a.

215] (II) Der Zusammenhang der Rede ist in der
Cäsur enger als in der Mitte des 1. und 2. Vsgl.:

que lui a grand | torment occist. Le. 2f.

(Ein solcher Fall kommt weder im Alex. noch im Rol. vor. Wohl
aber ist in letzterem Gedichte, während das 1. Vsgl. keine Unterbrechung

der Rede gestattet, der innere Zusammenhang des 2. Vsgl. zuweilen weniger eng als der Zusammenhang zwischen beiden Vsgl. Cf. R. 520: *Mult orguillos i parcuner i aures* Rol. 474. *Trente miliers | chevaliers od els unt* 3053, 565, 991, 3068, 3402. Cf. R. 533: *Li emper[er]es | Carles de France dulce* 16. *Sun cumpaignon i Gerier ocit uncore* 1580, 1692. *Sun compaignun | Rollant sur tus ses humes* Rol. 2018, 2137, 2169. Cf. R. 508: *tantes batailles | en champ en ai vencues [] Et tantes terres | larges escumbatues* 2307.)

216] d. eine mit einer zweisilbigen Präposition gebildete adverbiale Bestimmung, bei welcher die Präposition
‚ in der Cäsur steht:

Der Zusammenhang der Rede ist in der Cäsur enger als in der Mitte des 1. Vsgl. (fehlt bei R.):

vil es desos i mont Oliver. Pas. 5b.

217] B. Die Cäsur trennt zwei einander subordinierte Satzteile, von denen sich der eine proklitisch oder enklitisch an den andern anlehnt (fehlt bei R.):

[I] Der tonlose Satzteil steht im 2. Vsgl.:

er ist:

a. ein personalpronominales Subjekt:

Tot nol vos posc i eu ben comptar. Pas. 112c. Cum aucidrai l eu vostre rei 58a. Fortment lo vant j il acusand 51c. Por deu nel volt | il observer Le. 28d. qui tos los at | il condemnets 28d.

218] b. der Dativ *vos*:

Primos didrai | vos dels honors. Le. 2a. apres ditrai | vos dels sans 2c.

In allen 7 Versen ist die in der Cäsur stehende Silbe stark betont, eine Unterbrechung der Rede aber erst nach der folgenden tonlosen Silbe möglich. Ihrem syntaktischen Werte nach ist die Cäsur dieser Verse daher mit der schwachen Cäsur auf gleiche Stufe zu stellen.

219] [II] Der tonlose Satzteil steht im 1. Vsgl.:

a. Tonloses Personalpronomen oder tonloses Adverbium
— Verbum:

(1) Das 2. Vsgl. hat nur einen Accent, und zwar auf der Schlusssilbe:

Terce ves lor | o demanded. Pas. 35c. rend(e) l[o] qui lui | lo comandat. Le. 5b.

Im zweiten Vers dürfte ein kurzes Innehalten hinter *lui* nicht unnatürlich sein, da diesem Wort eine schwach betonte Silbe voraufgeht. Im ersten Vers dagegen ist ein solches nicht möglich.

220] Das 2. Vsgl. hat ausser dem Schlussaccent noch einen Accent:

per me non vos | est ob plorer. Pas. 66b. Son queu que il | a coro-
nat. Le. 21e. Et si el non | ad ols carnels 29c. Quatr' omnes i | tramist
armes 37e.

Der Zusammenhang erlaubt in diesen Versen keine Pause
in der Cäsur.

221] b. Attribut — Substantiv:
(1) Das 2. Vsgl. besitzt nur einen Accent:
Das Attribut ist:
(a) ein Possessivpronomen:
cho fu nostra | redemptions. Pas. 4b.

222] (b) der unbestimmte Artikel:
chi per hun(n)a | confession. Pas. 76c.

Da in den beiden letzten Versen innnerhalb der Vsgl. eine
Unterbrechung der Rede nicht möglich ist, so dürfte auch in
ihnen die Cäsur noch schwach markiert sein.

223] (c) der bestimmte Artikel:
sant Johan, lo | son cher amic. Pas. 27d.
Cäsur syntaktisch nicht markiert.

224] (2) Das 2. Vsgl. hat zwei Accente:
Das Attribut ist:
(a) ein Possessivpronomen:
Quandius al suo | conseil edrat Le. 12c.

225] (b.) ein Demonstrativpronomen:
Quandius in ciel | monstier instud. Le. 19c.

In beiden Versen ist ein Innehalten in der Cäsur nicht
möglich.

226] c. Einsilbige Präposition — Beziehungswort:
ai parlet a | las femnes, dis. Pas. 101b.

Cäsur syntaktisch nicht markiert; aber dieser Vers gehört
einer korrumpierten Strophe an.

227] d. Konjunktion et — ein durch dieselbe angereihtes
Satzglied:
mais per vos et | per vostres fils (: es pra., Ass. falsch). Pas. 66c.
Cäsur syntaktisch nicht markiert.

228]   Zweiter Abschnitt:

Syntax des Versschlusses innerhalb eines Assonanzpaares (= Vsschl.).

Durch denselben werden getrennt:

A. Sätze.

Die Assonanzpaare, in denen mit dem 1. Vs. ein Satz endigt, resp. mit dem 2. ein Satz beginnt, betragen im Pas. 83,9 %, in Le. 97,7 %.

I. Zwei verschiedene Satzganze.

1) selbständig neben einander stehend (R. 543).

Pas. 34,5 %, Le. 40 % (bezogen auf die Gesamtzahl der Assonanzpaare).

(I) Der innere Zusammenhang beider Sätze ist meist ein ziemlich enger.

Verhältnismässig locker ist derselbe in:

Fors en las estras estet Petre. || Al fog l'useire l'aeswardovet. Pas. 48a, 103c, 106c. Cio fud lonx dis que non cadit. || Lai s'aprosmat que lui firid. Le. 89c, 20a, 17c, 22c, 9c.

229] (II) Die Sätze haben in der Mehrzahl (⁵/₆) der Fälle gleiches Subjekt, welches im zweiten meistens nicht wiederholt wird (R. giebt keine Auskunft).

Wiederholt wird es in letzterem nur in folgenden Fällen:

Fortment sun il espaventet. || Il li non credent que aja carn. Pas. 110a. Lo[s] sos sans ols duncques cubrirent. || A coleiar fellon lo preadrent. 47a, 118a, 103a, 62c. Et sc. L. lis prediat. || Domine deu il les lucrat. Le. 36c, 6c, 23c, 28c.

230] (III) Die Pause zwischen zwei Sätzen mit gleichem, im zweiten nicht wiederholten Subjekt ist eine stärkere, wenn dem Verbum des zweiten Satzes betonte Satzteile vorangehen (A), als wenn derselbe mit dem Verbum (B) oder mit proklitisch sich an dasselbe anlehnenden Wörtern (C) beginnt.

Die durch den Vsschl. getrennten Sätze, welche den Kategorien B und C angehören, bilden gegenüber denjenigen, welche in die Kategorie A fallen, eine verschwindende Minderzahl.

Zu A gehören in Pas. 47, in Le. 24 Assonanzpaare; zu B in Pas. 2, in Le. 2; zu C in Pas. 0, in Le. 1. (R. giebt keine Auskunft).

ad A: Peccad negun unque non fes. ‖ Per eps los nostres fu aucis. Pas. 3a etc. Et sans Letgiers sempre fud bons. ‖ Sempre fist bien oque el pod. Le. 7c etc.

ad B: Sanct Pedre sols veniiar lo vol. ‖ Estrais lo fer que al las og. Pas. 40a. Vedes mas mans.. Vedes mos peds. ‖ Vedes mo las. Qu'i fui plagas. 109c. Il le amat. Deu lo covit. ‖ Rovat que litteras apresist. Le. 3e. Envis lo fist, non voluntiers. ‖ Laissel intrar in u monstier. 17a.

ad C: A terra joth. Mult fo afflicz. ‖ Non oct ob se cui en calaist. Le. 28a.

231] (IV) Gewöhnlich stehen die Sätze unverbunden neben einander. Nur in folgenden Fällen ist der zweite Satz mit einer Beiordnungspartikel angereiht (R. giebt keine Auskunft):

α. bei verschiedenem Subjekt:

quar: non fud trovez ne envengus; ‖ quar el forsfait no feist neul. Pas. 44c. *si:* Granz fu li dols, fort marrimens, ‖ si condormirent tuit ades. Pas. 31a, 119c. *et:* Quar finimuns non es mult lon, ‖ et regnum deu fortment es prob. Pas. 127a. L'ira fud grans cum de senior, ‖ et sc. L. oc s'ent pavor. Le. 13c.

232] *β.* bei gleichem Subjekt (cf. § 13 Anmerk.):

quar: Sanz Pedre sols seguen lo vai; ‖ quae sua fin veder voldrat. Pas. 42c. Super li pies ne pod ester; ‖ qui toz los at il condemnets. Le. 28c. *mas:* A sos fidel tot annuncias; ‖ mas vos Petdrun noi oblides. Pas. 108a, 68a. *et:* Corona prendent de las espines ‖ et en son cab fellun l'asisdrent. Pas. 62c.

233] (V) Enthält ein Vs. zwei Satzganze, so braucht der Zusammenhang derselben nicht enger zu sein als der durch den Vsschl. geschiedenen Sätze (R. giebt keine Auskunft):

a. Die Pause am Vsschl. ist erheblicher als die in der Cäsur:

Pensar non vols. | Pensar nol poz. ‖ Non t'o permet tos granz orgols. Pas. 14c. Roches fendiant. Chedent munt. ‖ Sepulcra sans obrirent mult. 81c, 54c, 73a. Il lo recin. | Bien lo nonnit. ‖ Cio fud lonx tiemps, ob se los ting. Le. 5c, 10a.

234] b. Die Pause in der Cäsur eines der beiden Verse ist ebenso stark wie die am Vsschl.:

Que m'en dares? | El vos tradran. ‖ Vostres talens ademplirant. Pas. 91c. Vedes mas mans. | Vedes mos peds. ‖ Vedes mo las. | Qu'i fui plagas. 109c. Il le amat. | Deu lo covit. ‖ Rovat q[ue] litteras apresist. Le. 3e, 4c, 28a. Et sc. L. fist son mistier. ‖ Missae cantat. | Fist lo mul ben. 14c, 24c.

235] Anmerkung. Die drei Fälle, in denen der erste Satz 1 ½ Verse, der zweite nur ein Vsgl. umfasst, sind § 16 schon aufgeführt.

236] 2) eine Parenthese und der sie umschliessende Satz, resp. ein Teil desselben.

a. Die Parenthese nimmt den 2. Vs. des Assonanzpaares ein (R. 544):

Ensems orident tuit li fellunt || — entro en cel en van las voz —
Pas. 59a. Cum el perveing a Betfage, || —vil es desoz mont Oliver —
5a, 4a.

237] b. Die Parenthese umfasst nur das 2. Vsgl. des 1. Vs.,
der sie umschliessende Hauptsatz füllt den übrigen Teil des
Assonanzpaares (R. 546):

Lo quars, uns fel | — nom a Vadart — || ab un inspieth lo decollat.
Le. 38e.

238]   II. Teile eines Satzganzen.

A. Sätze, welche einander weder koordiniert noch
   subordiniert sind, resp. Teile von solchen:

1) ein oder mehrere elliptische Sätze und ein vollständiger:
   Es finden sich nur zwei Fälle (R. giebt keine Auskunft):
   »Hierusalem! Hierusalem! || gai te,« dis el, »per tos pechet.«
Pas. 14a.

In dem andern Beispiel ist der elliptische Satz von dem
vollständigen durch einen eingeschobenen Satz, der direkte Rede
einführt, getrennt:

»Amioz«! zo dis lo bons Jhesus || »perquem trades in to baisol?
Pas. 38a.

239] 2) Teile eines Satzgefüges, deren logisches Bindeglied
sich in einem andern Assonanzpaar befindet:

a. Ein zum Vordersatz gehöriger Attributivsatz und der
Nachsatz:

Beide Sätze nehmen je einen Vs. ein (R. 549):

(Cum oo audid tota la gent, || que Jhesus ve, lo reis podenz, |||) chi
epe lo[s] mors fai se revivere, || a grand honor en contraxirent. Pas. 9c.

240] b. Ein Infinitivsatz und ein Attributivsatz, dessen Beziehungswort im vorhergehenden Assonanzpaar steht.

Auch hier hat jeder Satz Verslänge (fehlt bei R., doch
cf. 549):

(Et per lo pan et per lo vin || fort saccrament lor commandez |||) per
remembrar sa passiun || quo faire rova a trestot. Pas. 24c.

(Wegen der unnatürlichen Stellung ist wohl Vers c und d
zu vertauschen).

241] B. Sätze, welche einander koordiniert sind:

1) Zwei vollständige Hauptsätze:

a. ohne gemeinsamen Nebensatz:

Jeder von beiden umfasst einen Vers (R. 579):

De purpure donc lo vestirent || et en sa man un raus li mesdrent.
Pas. 62a, 116c. Dunc reconnossent lo senior || si l'adorent cum redemptor.

104c. Lei consentit et observat ‖ et son regnet ben dominat. Le. 12e
22a, 25a, 14e, 34e. Por ciel tiel duol rovas olergier ‖ si s'en intrat in
un monstier. 11e.

242]   b. mit gemeinsamem Nebensatz:
       Dieser steht

         α. im vorhergehenden Assonanzpaar:
         Dann nimmt jeder Hauptsatz einen Vers ein (R. 579):

(A la ciptad cum aproismet ‖ et el la vid e l'esgarded ‖‖) de son piu
cor greu suspiret, ‖ de sos sanz olz fort lagrimez. Pas. 18c, 5c, 4c, 23c, 98c.

243]   β. in demselben Assonanzpaar:
         Dann nimmt der erste Hauptsatz das 2. Glied des 1. Verses,
der zweite den 2. Vers ein (R. 579):

Drontre nos les | facam lo ben, ‖ gurpissem mund et som peccad.
Pas. 127c. Jhesus, cum veg, | los esveled, ‖ trestoz orar bein los manded.
31c. Ja lo sot bien | il le celat, ‖ a nuil omne nol demonstrat. Le. 18e.

244] 2) zwei Hauptsätze, welche einen Bestandteil gemeinsam
haben:

Jeder von beiden umfasst einen Vers, mit Ausnahme zweier
Fälle: Pas. 101a und Le. 17e, in denen am Schluss des zweiten
Verses noch ein dritter koordinierter Satz steht.

Die nicht gemeinsamen Teile beider Sätze sind

       a. koordinierte Subjekte und Objekte (R. 559):

Alquant dels palmes prendent ram[e|s, ‖ dels olivers al(a)quant
las branches. Pas. 10a. Sa passions peisons tostaz, ‖ lo mels signa [sa]
deitat. 111c.

245] b. koordinirte Objekte und andere adverbiale Bestimmungen (R. 567):

Tal a regard cum focs ardens ‖ et cum la neus blanc vestimens.
Pas. 99c.

246] c. koordinierte Prädikate mit ihren näheren Bestim-
           mungen (R. 586):

Davant l'ested le pontifex ‖ si conjuret per ipsum deu. Pas. 45a, 99a.
Sus en la peddre (l)[uns]angel sct ‖ si parlet a las femmes, dis. 101a.
La soa madre virge fu ‖ et sen peched si portet lui. 89a. Lingues noves
il parlaran ‖ et diables encalceran. 115c, 15c, 82a. Ciel Laudebert furu
buons om ‖ et sc. L. duis a son dom. Le. 33e.

247] d. koordinierte Infinitive oder Gerundien mit ihren näheren
           adverbialen Bestimmungen (R. 602, 612):

E per es mund roal[s] allar, ‖ toz babzizar in trinitad. Pas. 114a.
Alcans en cruz fai (l)[s]oslevar, ‖ alquanz d'espades degoller. 123c, 124a,
124c. Fortment lo vant il scusand, ‖ la soa mort mult demandant. 51c.
Domine deu devemps lauder ‖ et a sos sancz honor porter. Le. 1a. A
foc, a flamma vai ardant ‖ et a gladies [tot] peroutan. 28a.

248]   e. koordinierte Objekte (fehlt bei R.):
No vol reciwre Chielperin, ‖ mais li seu fredre Theoiri. Le. 10c.

249] f. koordinierte adverbiale Bestimmungen (R. 612):
Del corps aaas l'aves audit ‖ et dels flaiels que grand sustint. Le. 40a.

250] g. Zuweilen enthält der zweite Satz, in welchem das
Verbum nicht wiederholt ist, eine zu diesem gehörige adverbiale
Bestimmung, welcher kein Glied des ersten Satzes koordiniert ist:
Abgesehen von dieser sind die nicht gemeinsamen Teile
beider Sätze:

α. koordinierte Subjekte (R. 575):
Etqui era li om primers ‖ el soi ensfant per son pecchiad. Pas. 95a.

251]   β. koordinierte Objekte (R. 604):
Am(l)[b]as lawras li fai talier, ‖ hanc la lingua quae aut in queu.
Le. 27a. Cil Ewruins molt li vol miel, ‖ toth per enveis, non per el. 17e.

252] γ. koordinierte adverbiale Bestimmungen (fehlt bei R.):
Dunc lo saludent cum senior ‖ et ad escarn emperador. Pas. 63c.

253] Einmal besteht der zweite Satz aus Teilen, von denen
keiner einem Teil des andern Satzes koordiniert ist (fehlt b. R.):
sanz spiritum posche landar, ‖ et nunc per tot in secula. Pas. 129c.

254] 3) zwei Nebensätze:
a. vollständige:
Der erste nimmt das 2. Glied des 1. Verses, der zweite
den 2. Vers ein (R. 551):
Respon li bons, qui non mentid, ‖ chi en epsa mort semper fu pius.
Pas. 75a, 93a.

255]   b. zusammengezogene:
Beide Sätze haben immer nur die einleitende Konjunktion
gemeinsam.

α. Der erste Satz hat Verslänge, der zweite nimmt nur ein
Vsgl. ein (R. 586):
A la ciptad cum aproismet, ‖ et el la vid | e ll'asgarded. Pas. 18a.

256] β. Der erste Satz umfasst einen halben, der zweite einen
ganzen Vs. (R. 586):
Quar el so dis | que resurdra ‖ et al ters di viva pareistra. Pas. 91a.
Cio li mandat | que revenist, ‖ sa gratia por tot onist. Le. 15c.

257] 4) eine zum Hauptsatz gehörige adverbiale Bestimmung
und ein Adverbialsatz:
Jene füllt den 1., dieser den 2. Vers des Assonanzpaares
(fehlt bei R.):
Et a cel di que disen pasches, ‖ cum la cena Jhesus oc faita. Pas.
23a, 98a.

258] **C. Sätze, welche einander subordiniert sind:**

1) Zwei Hauptsätze, deren einer im Verhältnis des Objektes zu dem andern steht:

Der eine besteht aus direkter Rede, der andere führt dieselbe ein.

a. Der einführende Satz geht der direkten Rede vorauf:

Alsdann umfasst er immer den 1. Vers, während die direkte Rede den 2. Vers füllt.

α. Letztere schliesst mit dem 2. Vers ab (R. 616):

Hebraice fortment lo dis: ‖ »Heli! heli! purquem gulpist?« Pas. 79c. Canten li gran e li petit: ‖ »Fili Davit! fili Davit!« 11a. Il li respondent tuit adun: ‖ »Jheshm querem Nazarenum.« 84c. Ensems crident tuit li Judeu: ‖ »Sobre nos s(ia)[eit] tos li pechex«! 60a.

259] β. Die direkte Rede umfasst noch weitere Assonanzpaare (R. 616):

Il cio li dist et adunat: ‖ »Tos conziljer ja non estrai ‖| (Men evesquet nem les tener ‖ por te qui sempre vols aver. ‖| En u monstier me laisse intrer, ‖ posci non posc, lai vol ester«). Le. 16a.

260] **b. Der einführende Satz folgt der direkten Rede nach:**

Ersterer nimmt in diesem Falle den 1., letztere den 2. Vers ein (fehlt bei R.):

»Crucifige! crucifige!« ‖ crident Pilat trestuit ensems. Pas. 57c.

261] **c. Der einführende Satz ist in die direkte Rede eingeschoben:**

Alsdann nimmt er nur einen Teil eines Verses ein, jedoch von mindestens Versgliedslänge. Die ihn umschliessende direkte Rede füllt den übrigen Teil des Assonanzpaares und umfasst auch noch das folgende Assonanzpaar.

α. Der einführende Satz endigt mit dem 1. Vers (R. 288):

»Amicx!« zo dis lo bons Jhesus, ‖ »perquem trades in to baisol? ‖| (Melz ti fura non fusses nas ‖ que me tradas per cobetad«). Pas. 88a. »Pax vobis sit!« dis a trestoz, ‖ »eu soi Jhesus qui passus soi. ‖| (Vedes mas mans . . . .«). 109a.

262] β. Er beginnt mit dem 2. Vers (fehlt bei R.):

»Cum ancidrai eu vostre rei!« ‖ zo dis Pilaz, »forsfais non es. ‖| (Rumprel farai . . . .«). Pas. 58a.

263] **2) Hauptsatz und Nebensatz:**

Letzterer ist:

a. ein Subjektssatz:

Haupt- und Nebensatz nehmen je einen Vers ein:

α. Hauptsatz — Subjektssatz˙ (R. 618, 619):

Cio sempre fud et ja si er, ‖ qui fai lo bien, laudas enn er. Le. 7a.
Et or es temps et si est biens, ‖ quae nos cantumps de sant Lethgier. 1e.

264] Anmerkung. Einmal umfasst der Hauptsatz nur ein sgl., der Subjektssatz aber 1¹/₂ Verse: Pas. 7b (cf. § 42) (fehlt bei R.).

265] *β.* Subjektssatz — Hauptsatz (R. 621):

Qui in templum dei cortine pend ‖ jusche la terra per mei fend.
Pas. 82c. Qui donc regnevet a ciel di, ‖ cio fud Lothiers, fils Baldequi.
Le. 3c.

266] b. ein Objektssatz:

α. Hauptsatz — Objektssatz:

In der Regel hat jeder von beiden Verslänge (R. 622):

Ela molt ben sab remembrar, ‖ de soa carn cum deus fu nas. Pas.
84a, 20c. qu'el lor dissete per puru fled ‖ si vers Jhesus, fils deu est il.
45c. Alo sanc Pedre perchoi(n)ded ‖ que cela noit lui neiara. 29a. Joseps
Pilat mult a preia(r)[t] ‖ lo corps Jhesu qu'el li dones. 86a. Nos te
praeiam per ta mercet ‖ gardes i met, non sia embles. 90c. Mais en-
avant vos cio aures ‖ cum ill edrat por mala fid. Le. 19e. Cio confortent
ad ambes duos ‖ que s'ent ralgent in lor honors. 20e. Cio li rova et
noit et di, ‖ miel li fexiet, dontre qu'el viu. 88c.

267] Einmal nimmt der Objektssatz auch noch den 1. Vers
des folgenden Assonanzpaares ein, während der übrige Teil der
Satzperiode den Rest beider Assonanzpaare füllt:

Cum co audid tota la gent ‖ que Jhesus ve, lo reis podenz, ‖| (chi
eps lo[s] mors fai se revivere ‖ a grand honor en contraxirent). Pas. 9a.

268] Zuweilen geht dem Hauptsatz im 1. Vers ein koordinierter Satz vorher (R. 922):

A sel mandat et cio li dist, ‖ a curt fust sempr' e lui servist. Le.
8a. Porro'n exit, vol li preier ‖ quae tot ciel miel laisses por deu. 25c.

269] Anmerkung. Zweimal begegnet der Fall, dass der Hauptsatz
das 1. Vsgl., der Objektssatz den übrigen Teil des Assonanzpaares einnimmt. Pas. 75c, 110c (cf. § 45) (R. 294).

270] *β.* Der Hauptsatz ist in den Objektssatz am Anfang des
2. Verses eingeschoben:

Der Objektssatz umfasst ausser dem übrigen Teil des Assonanzpaares noch den 1. Vers des folgenden Assonanzpaares:

Ciel ira grand et ciel corropt ‖ cio li preis, laisses lo toth, ‖| (fus li
por deu, nel fus por lui, ‖ cio li preis paies ab lui). Le. 18c.

271] c. ein Adverbialsatz:

α. Hauptsatz — Adverbialsatz:

Beide Sätze umfassen je einen Vers (R. 627):

De met membres per ta mercet, ‖ cum tu vendras, Crist, en ton
ren. Pas. 74c. Empres lo vidren selles duses, ‖ del munument cum se

retornent. 106a. Fui lo solelz et fui la luna, ‖ postque deus filz suspensus fure. 78c. Trenta deners dunc lien promesdrent, ‖ son bon sennior que lo tradisse. 22a. Pilaz sas mans dunques laved, ‖ que de sa mort posches neger. 60a, 126c. Pedres fortment s'en aduned, ‖ per epsa mort nol gurpira. 29c. De quant il querent le forsfait, ‖ cum il Jhesum oicisesant. 44a. Donc lo en gurpissen sei fedel, ‖ cum el desanz diz lor aveia. 42a. Et sc. L. den fistdra bien ‖ quae s'en ralat en s'evesquet. Le. 21a, 21c.

272] Ist in dein Hauptsatze auf den Adverbialsatz mit einem adverbialen Ausdruck hingewiesen, so steht dieser nicht am Ende des 1. Verses, sondern entweder am Anfang oder im Innern desselben (R. 629):

Per cio laissed deus se neier ‖ que de nos aiet pieted. Pas. 50c. Mels ti fura, non fusses nas, ‖ que me tradas per cobetad. 38c. De sa raison si l'esfred[et], ‖ que lo deu fil li fai neier. 48c, 94c. Los sos talant ta fort monstred, ‖ que grant pavors pres als Judeus. 19a.

273] oder am Anfang des 2. Verses, in welchem Falle er mit dem Adverbialsatz zur Toneinheit verschmolzen ist (R. 84,85):

Argent ne aur non i donet, ‖ masque son sang et sos carn. Pas. 97a. Et Ewruins ott en gran dol, ‖ porroque ventre nols en poth. Le. 11c.

274] β. Adverbialsatz — Hauptsatz:

(1) Jeder von beiden füllt einen Vers (R. 633):

Ad epsa nona cum perveng, ‖ dunc escrided Jhesus granz cris. Pas. 79a, 64a. Cum cel asnes fu amenas, ‖ de lor mantels ben l'ant parad. 6a, 18a, 51a, 71a, 72a, 81a, 108c. Al[s] sos fidels cum repadred, ‖ tam benlement los conforted. 33a, 104a. Ansquae la noit lo jalz cantes, ‖ terce ves Petre lo neies. 49a. En pas cho veng vertus de cel, ‖ il non dobten negun Judeu. 120c. Si tu laisses vivre Jhesum, ‖ non es amics l'emperador. 59c. En tals raison siam mespraes ‖ per ta pitad lom perdones. 128c. Cum cela carn vidra murir, ‖ qual agre dol, nol sab om vivs. 83c. Cum fulc en aut grand adunat, ‖ lo regne prest a devastar. Le. 22e, 27c, 5a, 89a. Quant ciel irae tels esdevent, ‖ paschas furent in eps cel di. 14a, 3a. Quandius visquet ciel reis Lothier, ‖ bien honores fud sancz Lethgiers. 9a, 12c, 19c. Entro li talial(o)s pez de jus, ‖ lo corps [e]sutera sempre sus. 89e. Sed il non ad lingu'a parlier, ‖ deus exaudis lis sos pensaez. 29a, 29c, 29e. por cio que fud de bona fiet, ‖ de Chielperig feissent rei. 9e.

275] Zweimal schliesst sich an den Hauptsatz ein weiterer Adverbialsatz an, welcher das folgende Assonanzpaar füllt (R. 634):

E dunc orar cum el anned, ‖ si fort sudor dunques suded, ‖‖ (que cum ·lo sa[n]gs a terra curr[en] ‖ de sa sudor las sanctas gutas). Pas. 32a, 100a.

276] (2) Der Adverbialsatz umfasst ausser dem 1. Vers des Assonanzpaares noch das ganze vorhergehende Assonanzpaar (R. 634):

(Cum co audid tota la gent, ‖ que Jhesus ve, lo reis podenz, ‖‖) chi eps lo[s] mors fai se revivere, ‖ a grand honor en contraxirent. Pas. 9c.

277] (3) Während der Adverbialsatz den 1. Vers füllt, reicht der Hauptsatz nur bis zur Cäsur des 2. Verses. Das 2. Glied des letzteren wird von einem selbständigen Satz eingenommen, zu dem sich der erste Satz inhaltlich als Objekt verhält (R. 633 u. 634):

Si alcuns d'els beven veren, ‖ non aura mal. | Zo sab per ver. Pas. 116a, 84c (Ass. falsch).

278] γ. Der Adverbialsatz ist in den Hauptsatz eingeschoben (R. 637—640):

(1) Er umfasst einen ganzen Vers; und zwar den 1. Vers des Assonanzpaares, während der umschliessende Hauptsatz den 2. Vers desselben, sowie das vorhergehende Assonanzpaar füllt:

(Christus Jhesus, qui deus es vers, ‖ qui semper fu et semper es, ‖‖) ja fos la chars de lui aucise, ‖ regnet pero cum ans se feira. Pas. 95c.

279] (2) Der Adverbialsatz umfasst nur einen Teil eines Verses, jedoch von mindestens Vsgl.-Länge:

Der Hauptsatz, resp. zwei koordinierte Hauptsätze nehmen alsdann den Rest des Assonanzpaares ein.

(a) Der Adverbialsatz endigt mit dem 1. Vers. Er beginnt:

(α) mit der dritten Silbe desselben (fehlt bei R.):

Judas, cum og manjed la sopa, ‖ diable sen enz en sa gola. Pas. 26a. Jhesus, cum vidra los Judeus, ‖ so lor demandes que querent. 34a, 87a. Pilas, cum audid tals raisons, ‖ ja lor gurpis nostre sennior. 61a.

280] (β) nach der Cäsur s. § 22 u. § 54 (R. 637, 628):

Pas. 20a, 53a, 8a, 41c. Le. 32a, 87a, 15a, 25e, 85a.

281] (b) Der Adverbialsatz beginnt mit dem 2. Vers (fehlt b. R.): Er reicht bis zur Cäsur desselben:

s. § 55: Pas. 2a.

282]   d. ein Attributivsatz:

α. Hauptsatz — Attributivsatz:

Jeder von beiden füllt einen Vers; (nur einmal hat das Beziehungswort des Attributivsatzes Verslänge: Le. 2e).

(1) Der Attributivsatz ist ein erläuternder Relativsatz:

(a) Das Beziehungswort steht nicht am Ende des Verses (R. 641):

Pilas Erod l'en enviet, ‖ cui desabans voliet mel. Pas. 52a. Los sos affans vol remembrar, ‖ per que cest mund tot a salvad. 1c.

283] (b) Das Beziehungswort steht am Ende des Verses (R. 645):

O deus vers, rex Jhesu Crist, ‖ oi tal don fais per ta mercet! Pas. 76a, 67c. Primeral vit sancta Mariae, ‖ de cui sep diables formedre. 105c, 83a, 25c.

284] (2) Der Attributivsatz ist ein determinierender Relativsatz:
(a) Das Beziehungswort steht nicht am Ende des Verses:
Es ist einmal ein Pronomen (R. 641):

Ciel ne fud nez de medre viva ‖ qui tal exercite vidiat. Le. 23e.

285] sonst immer ein Substantiv (R. 641):

Sus en u mont donches montet, ‖ que Holivet numnat vos ai. Pas.
117a. Quatr'omnes i tramist armez ‖ que lui alessunt decoller. Le. 37e.
Ciest omne tiel mult aima deus ‖ por cui tels causa vin de ciel. 85c.

286] (b) Das Beziehungswort (nie ein Pronomen!) steht am Ende des Verses (R. 645):

Mais nemperro granz fu li dols ‖ chi traverset per lo son cor. Pas.
85a. Alques vos ai deit de raizon ‖ que Jhesus fez pus passion. 112a.
Signes faran li soi fidel ‖ quals el abanz faire soliae. 115a. Anna nom-
navent le Judeu ‖ a cui Jhesus furet menez. 43a. Dunc lo pausen el
monument ‖ o cors(pus) non jag anc a cel temps. 88c, 102c. Quar anc
non fo nul om carnals, ‖ en cel enfern non fos anas. 96a. Venrant li
an. venrant li di ‖ quez t'asaldran toi inimio. 15a. Ne fud nuls om del
son juvent ‖ qui meldre fust donc a ciels tiemps. Le. 6a. et [d']Ewruins,
oil deu mentiz ‖ que lui a grand torment occist. 2e, 1c, 13a. Primos
didrai vos dels honors ‖ quae il awret ab duos seniors. 2a, 2c, 26a, 36e.
Il nos ajud ob ciel senior ‖ por cui sustino tels passions. 40e. qu'il lo
doist bien de ciel savier ‖ don deu servier por bona fied. 4e.

287] β. Der Attributivsatz ist in den Hauptsatz eingeschoben:

Alsdann endigt er immer mit dem 1. Vers, den er jedoch
nie ganz einnimmt (R. 320, 87):

Die Fälle sind bereits § 63 u. 65 aufgeführt. Es sind:
Pas. 56a, 80a, 16a, 18c, 10c, 28c, 70a (Ass. falsch), 23a, Le.
21e, 85e, 38c.

288] B. Einzelne Satzteile.

I. Satzteile, welche einander weder koordiniert noch subordiniert sind,

finden sich niemals in einem Assonanzpaar vereinigt, ohne dass
in demselben der Satzteil, auf welchen sie sich gemeinsam beziehen, genannt ist.

289] Es findet sich auch nur ein Assonanzpaar, in welchem

II. koordinierte Satzteile

durch den Versschluss getrennt sind:

In demselben füllen zwei koordinierte Subjekte den 1. Vers,
zwei weitere das 1. Vsgl. des 2. Verses, während das 2. Vsgl.
des letzteren von dem übrigen Teil des Satzes eingenommen
wird (fehlt bei R., aber cf. 577, 578):

4*

Gran folcs aredre, gran davan, ‖ gran e petit den van laudant.
Pas. 12a.

29 ¹] III. **Satzteile, welche einander subordiniert sind:**

Der Versschluss trennt niemals zwei Satzteile, von denen sich der eine proklitisch oder enklitisch an den andern anlehnt.

A) Satzteile, welche durch einen Zwischensatz von einander geschieden sind:

a. Apposition und Beziehungswort:

Jene ist ein Satzglied in absoluter Stellung, dieses ein dasselbe wiederaufnehmendes Pronomen.

α. Apposition, Zwischensatz — Beziehungswort:

Der Nebensatz ist ein Relativsatz, der die Apposition näher bestimmt, und füllt mit derselben den 1. Vers des Assonanzpaares, während der übrige Teil des Satzes den 2. Vers desselben einnimmt (R. 657, 670, 677, 679):

Los marchedant quae in trobed ‖ a grand destreit fors los gites.
Pas. 18c. Son queu que il a coronat, ‖ toth lo laisera recimer. Le. 21e.

291] β. Apposition — Zwischensatz, Beziehungswort:

Die Apposition füllt den 1. Vers, der übrige Teil des Satzes mit dem Zwischensatz den 2. Vers (R. 659):

Ciel ira grand et ciel corropt, ‖ cio li preis, laissas lo toth. Le. 18c.

292] b. Subjekt, Zwischensatz — Prädikat:

Das Subjekt und der Nebensatz füllen den 1. Vers, das Prädikat, resp. zwei koordinierte Prädikate nehmen mit ihren adverbialen Bestimmungen den 2. Vers des Assonanzpaares ein:

(1) Der Nebensatz ist nicht vom Subjekt abhängig:

er beginnt:

(α) mit der dritten Silbe des Verses (fehlt bei R.):

Judas, cum og manjed la sopa ‖ diable sen ens en sa gola. Pas. 26a, 34a, 37a, 61a.

293] (β) nach der Cäsur (R. 665):

Felo Judeu, | cum il cho vidren, ‖ ens [en] lor cors grand an enveie. Pas. 20a, 53a. Le. 82a, 87a, 15a, 25e, 85a.

294] (2) Der Nebensatz ist ein zum Subjekt gehöriger Relativsatz und beginnt nach der Cäsur (R. 654):

Uns del[s] fellons, | chi sta iki, ‖ sus en la cruz li ten l'aset.
Pas. 80a.

295] c. Objekt, Nebensatz — Prädikat:

Der Nebensatz ist ein zum Objekt gehöriger Relativsatz und füllt mit diesem den 1. Vers, während das Prädikat mit seinen näheren Bestimmungen den 2. Vers einnimmt.

Der Relativsatz beginnt nach der Cäsur (R. 677):

Los tos enfans | qui in te sunt ∥ a males penas aucidrant. Pas. 16a.

296] d. Adverbiale Bestimmung, Nebensatz — Prädikat:

Die adverbiale Bestimmung und der Nebensatz füllen den 1. Vers, das Prädikat nimmt mit seinen näheren Bestimmungen und dem Subjekt den 2. Vers ein:

Der Nebensatz beginnt

(1) mit der dritten Silbe des Verses (fehlt bei R.):

Pilas que ans l'en vol laisar ∥ nol consentunt fellun Juden. Pas. 56a.

297] (2) nach der Cäsur (R. 697—700):

Ans petits dis | que cho fus fait ∥ Jhesus lo Lacer suscitet. Pas. 8a, 41c. Contrals afans | que an a pader ∥ toz sos fidels ban en garnid. 28c, 70a. *(Ass. falsch)*, 10c. Por ciels signes que vidrent tels ∥ deu presdrent mult a conlauder. Le. 85e, 38c.

298] e. Adverbiale Bestimmung — Nebensatz, Prädikat:

Das Assonanzpaar wird durch die angegebenen Satzteile gefüllt.

Der Nebensatz reicht bis zur Cäsur (fehlt bei R., aber cf. 702):

Trenta tres ant et alques plus, ∥ desque carn pres, | in terra fu. Pas. 2c.

299] B) Satzteile, welche nicht durch einen Zwischensatz von einander getrennt sind:

I) Der 1. Vers schliesst oder der 2. beginnt mit einem Satzteil, welcher die Natur eines abgekürzten Satzes hat:

a. Apposition und Beziehungswort:

α. Apposition — Beziehungswort:

(1) Die Apposition füllt den 1. Vers, der übrige Teil des Satzes den 2. Vers (R. 669):

Envers lo vesprae, envers lo ser, ∥ dunc lo revidren soi fidel. Pas. 107a. Tuit li omne de ciel pais, ∥ trestuit apresdrent a venir. Le. 36a. Didun, l'ebisque de Peitieus, ∥ luil comandat ciel reis Lothiers. 4a. Et en Fescant, in ciel monstier, ∥ illo reclusdrent sc. L. 30c.

300] (2) Die Apposition füllt nur das 2. Glied des 1. Verses (fehlt bei R.):

Ensobretoz | uns dels ladruns, ∥ el escarnie rei Jhesum. Pas. 72c.

301] β. Beziehungswort — Apposition:

Ersteres steht am Ende des 1. Verses, letztere nimmt den 2. Vers ein (R. 715):

Cum el perveng a Golgota, ∥ davan la porta de la ciptat. Pas. 67a. Vindrent parent e lor amic: ∥ li sanct L., li Ewrui. Le. 20c.

302] b. Subjekt, Apposition — Prädikat:

(1) Das Subjekt und die Apposition, welche mit der Cäsur beginnt, nehmen den 1. Vers, das Prädikat mit seinen näheren Bestimmungen nimmt den 2. Vers ein (R. 654, 6ე5):

> Mais li felun, | tuit trassudad, ‖ vers nostre don son aproismad. Pas. 86a.

303] (2) Subjekt und Apposition füllen nur ein Vsgl. (R. 654):

> usque vengues, | qui, sens pecat, ‖ per tos solses comuna lei. Pas. 96c.

304] c. Adverbiale Bestimmung, Apposition — Prädikat:

(1) Die adverbiale Bestimmung nimmt das 1., die Apposition das 2. Glied des 1. Verses ein, das Prädikat füllt mit seinen näheren Bestimmungen den 2. Vers (R. 698, 700):

> Ad Ostedun, | a cilla ciu, ‖ dom sanct L. vai asalier. Le. 24a.

305] (2) Adverbiale Bestimmung und Apposition füllen nur ein Vsgl. (R. 697):

> En t'o promet, | oi en oest di ‖ ab me venras in paradis. Pas. 75c.

306] II) Die Versschlusspause fällt nicht mit einer Appositionspause zusammen:

1. Der den Schluss des 1. Verses einnehmende Satzteil steht nicht in direkter grammatischer Beziehung zu dem ersten betonten Satzteil des 2. Verses:

a. Subjekt und Prädikat:

In allen hierher gehörigen Assonanzpaaren bildet die Vsschl.-Pause immer den stärksten syntaktischen Einschnitt.

α. Subjekt — trennender Satzteil, Verbum:

(1) Das Subjekt, resp. zwei koordinierte Subjekte füllen den 1., das Prädikat nimmt mit seinen näheren Bestimmungen den 2. Vers ein.

Subjekt und Verbum werden durch eine adverbiale Bestimmung von einander getrennt (R. 652, 654):

> E li petit e [tuit] li gran ‖ etqui estevent per muls ans. Pas. 95c. Lo fel Judes Escarioth ‖ als Judeus vengra en rebost. 21a.

307] (2) Dem Subjekt geht ein Adverb vorher, welches das 1. Vsgl. einnimmt. Das Verbum füllt mit den ihm vorangehenden adverbialen Bestimmungen den 2. Vers (R. 653):

> Ensobretot | petiz enfan ‖ osanna semper van clamant. Pas. 12c.

308] *β.* Verbum — trennender Satzteil, Subjekt:

Das Verbum füllt mit seinen adverbialen Bestimmungen den 1., die beiden anderen Satzteile den 2. Vers.

.

Der trennende Satzteil ist ein zum Subjekt gehöriger präpositionaler Genitiv (fehlt bei R.):

que cum lo sa[n]gs a terra curr[en] ‖ de sa sudor las sanctas gutas. Pas. 32c.

309] b. Verbum und Objekt:

Die Sinnespause am Vsschl. ist stärker als etwaige Pausen im Innern der Verse.

α. Verbum, trennender Satzteil — Objekt:

Das Verbum nimmt mit seinen adverbialen Bestimmungen den 1., das Objekt den 2. Vers ein (R. 679):

Zwischen dem Objekt und dem dasselbe regierenden Verbum steht ein Infinitiv:

Sobre son peis fes condurmir ‖ sant Johan, lo son cher amic. Pas. 27c.

310] β. Objekt — trennender Satzteil, Verbum (fehlt bei R.):

Vier koordinierte Objekte nehmen den 1. Vers ein, das Verbum füllt mit seinen adverbialen Bestimmungen den 2. Vers:

Der trennende Satzteil ist ein Adverbium:

Palis, vestit, palis, mantenls ‖ davant extendent as sos pes. Pas. 11c.

311] c. Verbum und eine andere adverbiale Bestimmung:

Letztere ist einmal ein Accusativ der Zeit: *quaranta dis* Pas. 113a, sonst immer ein präpositionaler Ausdruck, der den Verbalbegriff meistens nur in äusserlicher Weise bestimmt und sich mehr auf den ganzen Satz als auf das Verbum im einzelnen bezieht:

α. Verbum, trennender Satzteil — adverbiale Bestimmung:

Die stärkste Unterbrechung der Rede innerhalb des Assonanzpaares findet am Vsschl. statt.

Jeder Vers besteht aus direkt auf einander bezüglichen Satzteilen.

Zwischen dem Verbum und der adverbialen Bestimmung steht ein Objekt (R. 689):

Te posche retdrae gratiae ‖ davant to paire gloriae. Pas. 129a. Hora vos dic vera raizun ‖ de Jesu Christi passiun. 1a.

312] β. Adverbiale Bestimmung — trennender Satzteil, Verbum:

(I) Der Zusammenhang der Rede ist im Innern beider Verse enger als am Vsschl.

(1) Die adverbiale Bestimmung, resp. zwei koordinierte adverbiale Bestimmungen füllen den 1. Vers, das Verbum nimmt mit anderen adverbialen Bestimmungen und dem Subjekt den 2. Vers ein.

Zwischen der adverbialen Bestimmung und dem Verbum steht.

(a) das Subjekt (R. 697):

Per sua grand humilitad ‖ Jesus, rex magnes sus monted. Pas. 7a. De Jhesu Christi passion ‖ am se paierent a ciel jorn. 52c. En huna fet, huna vertet ‖ tuit soi fidel devent ester. 69a.

313] (b) ein Objekt (R. 698):

Enter mirra et aloen ‖ quasi cent livras a donad. Pas. 87c. Et per lo pan et per lo vin [] fort saccrament lor commandez. 24a. De pan et vin sanctificat ‖ tot sos fidels i saciet. 25a.

314] (c) Objekt und Subjekt (fehlt bei R.):

Jusque nona des lo meidi ‖ trestot cest mund grans nois cubrid. Pas. 78a.

315] (d) Objekt und eine andere adverbiale Bestimmung (fehlt bei R.):

En tos bels murs, en tas maisons ‖ pedras sub altre non laiserant. Pas. 16c.

316] (e) eine adverbiale Bestimmung (fehlt bei R.):

De lor mantelz, de lor vestit ‖ ben li aprestunt o se'assis. Pas. 6c.

317] (f) die Partikel *si* (R. 698):

A grand furor, a gran flaiel [‖ sil recomanda Laudebert. Le. 83a.

318] (2) Während die den 2. Vers bildenden Satzteile sich direkt auf einander beziehen, besteht der 1. Vers aus Satzgliedern, die einander weder koordiniert noch subordiniert sind:

Die adverbiale Bestimmung umfasst mindestens drei Silben.

Es geht ihr voran:

(α) das Subjekt (R. 697):

ad (b): chi per hun(u)a confession ‖ vide perdones al ladrun. Pas. 76c. Nicodemus dell altra part ‖ mult unguement hi aportet. 87a.

ad (e): Jhesus lo bons per sa pietad ‖ tan dulcement pres a parler. Pas. 27a.

319] (β) eine andere adverbiale Bestimmung (fehlt bei R.):

ad (e): A sos fidel quaranta dis ‖ per mulz semblans [aparegues] Pas. 113a.

320] (γ) eine adverbiale Bestimmung und ein Prädikativ auf das Subjekt (fehlt bei R.):

ad (f): Dedavant lui tuit a genolz ‖ si s'excrebantent li fellon. Pas. 68a.

321] (II) Der Zusammenhang zwischen dem 2. Glied des 1. Verses und dem 2. Vers ist enger als zwischen den beiden Gliedern des 1. Verses (fehlt bei R., aber cf. 703):

Zo pensent il | que entre el ‖ le spiritus aparegues. Pas. 110c.

322] **2. Der den Schluss des 1. Verses einnehmende
Satzteil steht in direkter grammatischer Beziehung
zu dem ersten betonten Satzteil des 2. Verses, ist
aber von demselben durch tonlose Pronomina,
welche den 2. Vers beginnen, getrennt:**

Adverbiale Bestimmung — Verbum (fehlt bei R.):

Erstere füllt das 2. Vsgl. des 1. Verses, letzteres nimmt mit
seinen näheren Bestimmungen den 2. Vers ein.

Das 1. Glied des 1. Verses wird gefüllt

(α) vom Subjekt:

Domine deus | in ciel flaiel ‖ i visitet L. son serv. Le. 80e.

323] (β) von einer andern adverbialen Bestimmung:

A grand honor | de ces pimeno ‖ l'aromatisen cuschement. Pas. 88a.

324] **3. Der den Schluss des 1. Verses einnehmende
Satzteil steht in direkter grammatischer Beziehung
zu dem ersten betonten Satzteil des 2. Verses und
ist von demselben nicht durch andere Wörter
getrennt:**

a. Prädikat — Subjekt:

Zwei koordinierte Prädikate füllen den 1. Vers, das Subjekt
umfasst nur 5 Silben; den Rest des 2. Verses nimmt eine adverbiale Bestimmung ein (R. 672):

Dunc lo despeis e l'ecarnit ‖ li fel Herodes en cel di. Pas. 55a.

325] b. Verbum und eine adverbiale Bestimmung (präpositionaler
Ausdruck):

α. Verbum — adverbiale Bestimmung:

Das Verbum füllt mit seinen näheren Bestimmungen und
dem Subjekt den 1. Vers, die adverbiale Bestimmung nimmt
den 2. Vers ein (R. 680):

Li fel Judeus ja s'aproismed ‖ ab gran compannie dels Judeus. Pas.
88c. que quaisses morz a terra vengren ‖ de gran pavor que sobl'el[s]
vengre. 100c. Et so. L. mul en fud trist ‖ por ciel tiel miel quae de-
fors vid. Le. 24e. Meu evesquet nem les tener ‖ por te qui sempre[m]
vols uver. 16c.

326] β. Adverbiale Bestimmung — Verbum:

(I) Die Vsschl.-Pause ist die stärkste Sinnespause innerhalb
des Assonanzpaares:

Während das Verbum mit seinen näheren Bestimmungen
den 2. Vers immer ganz füllt, nimmt die adverbiale Bestimmung stets nur das 2. Glied des 1. Verses ein.

Ist das Verbum eine zusammengesetzte Form, so geht das
verbum infinitum immer voran:

Das 1. Glied des 1. Verses wird gefüllt:

(α) vom Subjekt (R. 700):

Lo nostrae seindrae en eps cel di ∥ vedus furae veiades cinc. Pas.
105a. Li toi caitiu | per totas gens ∥ menad en eren a tormenz. 17a.
si cum prophetes ans mulz dis ∥ canted aveien de Jesu Crist. 7c.

327] (β) vom Subjekt und einer zweiten adverbialen Bestimmung (fehlt bei R.):

chi quatre dis | en moniment ∥ jagud aveie toz pudenz. Pas. 8c.
Mais nos a dreit | per colpas granz ∥ esmes oi di en oest ahanz. 73c.

328] (II) Der syntaktische Einschnitt am VsschL ist schwächer
als der in der Cäsur des 2. Verses (R. 703):

Mais per vos et per vostres filz ∥ plorez assaz. | Qu'i obs vos es.
Pas. 66c (Ass. falsch).

329]   Dritter Abschnitt:

Syntax des Assonanzpaarschlusses innerhalb einer Strophe (= Asspschl.).

Durch den Asspschl. werden getrennt:

A. Sätze.

Das Ende eines Assonanzpaares fällt immer mit dem Ende
eines Satzes zusammen.

I. Zwei verschiedene Satzganze.

1) selbständig neben einander stehend.

Zu dieser Kategorie gehören in Pas. 79,8 %, in Le. 87,5 % der Assonanzpaare, welche nicht am Ende der Strophe stehen.

(I) Jedes der beiden Satzganze kann ein Assonanzpaar
einnehmen; z. B.:

Hora vos dic vera raizun ∥ de Jesu Christi passiun. ∥| Los sos affanz
vol remembrar ∥ per que oest mund tot a salvad. Pas. 1b. Quant infans
fud donc a ciels temps, ∥ al rei lo duistrent soi parent. ∥| Qui donc
regnevet a ciel di, ∥ cio fud Lothiers, fils Baldequi. Le. 3b.

330] Weit häufiger jedoch umfasst das eine oder auch jedes
von beiden nur einen Teil eines Assonanzpaares.

Für diesen Fall ist es Regel, dass die innerhalb eines Assonanzpaares befindlichen Satzganze enger mit einander zusammenhängen als die in verschiedenen Assonanzpaaren stehenden:

Beispiele:

Trenta tres ant et alques plus, || desque carn pres, in terra fu. ||| Per tot obred que verus deus. || Per tot sosteg que hom carnals. Pas. 2b. Jhesus li bons ben red per mal. || L'aurelia a(d)[l] serv semper saned. ||| Liade(n)s mans cum [d]e ladron || si l'ent menen a passiun. 41b. »Eu soi aquel«, zo dis Jhesus. || Tuit li felun cadegrent jos. ||| Terce vez lor o demanded. || A totas treis chedent envers. 35b. Didun, l'ebisque de Peitieus, || luil comandat ciel reis Lothiers. ||| Il lo reciut. Tam ben en fist. || Ab n magistre semprel mist. Le. 4b. Et Ewruins fist fincta pais. || Ciol demonstrat que s'i paias. ||| Quandius in ciel monstier instud, || ciol demonstrat, amix li fust. 19b. Li perfides tam fud cruels. || Lis ols del cap li fai crever. ||| Cum si l'aut fait, mis l'en reclus. || Ne soth nuls om qu'es devengu(n)s. 26d.

331] Einige Ausnahmen, in denen sich im Innern eines Assonanzpaares eine mindestens ebenso starke Sinnespause findet wie vor oder nach letzterem, kommen in beiden Gedichten vor:

Fors en las estras estet Petre. || Al fog l'useire l'aeswardovet. ||| De sa raison si l'esfred[et] || que lo deu fil li fai neier. Pas. 48b. Cum l'an levad sus en la cruz, || dos a sos las penden lasruns. ||| Entre cels dos pendent Jhesum. || Il per escarn o fan trestot. 71b, 117b, 122b. Et sc. L. fist son mistier. || Missae cantat. Fist lo mul ben. ||| Pobl'e(n) lo rei communiet || et sens cumgiet si s'en ralet. Le. 14d. Et cum il l'aud tollut lo queu || lo corps estera sobrels pies. ||| Cio fud lonx dis que non cadit. || Lai s'aprosmat que lui firid. 89b, 82d.

332] (II) Charakteristisch für die oben konstatierte Regel ist es, dass die durch den Asspschl. geschiedenen Sätze (A) in der Mehrzahl der Fälle verschiedenes Subjekt aufweisen, während bei den zu einem Assonanzpaar vereinigten Sätzen (B) das Subjekt vorwiegend dasselbe ist.

Das Verhältnis der Sätze mit verschiedenem Subjekt zu denen mit gleichem Subjekt ist in beiden Denkmälern:
für A 4 : 3, für B 4 : 8.

333] Das gleiche Subjekt wird im 2. Assonanzpaar gewöhnlich nicht wiederholt. Doch findet sich hier die Wiederholung desselben häufiger als bei Sätzen innerhalb eines Assonanzpaares. Bei diesen lautet der Procentsatz für die Wiederholung des gleichen Subjekts: Pas. 8,9 %, Le. 12,9 %; bei Sätzen, welche durch den Asspschl. getrennt sind, aber: Pas. 20 %, Lc. 16,7 %.

334] (III) Ist das Subjekt des Satzes, welcher das 2. Assonanzpaar beginnt, identisch mit dem des vorhergehenden Satzes, aber nicht ausgedrückt, so stehen weder das verbum finitum

noch proklitisch sich an dasselbe anlehnende Wörter am Anfang des Assonanzpaares.

Die einzigen Ausnahmen sind:

> Sus en u mont donches montet ‖ que Holivet numnat vos ai. ‖‖
> Levet sa man sil benedis. ‖ Vengre la nuvola sil collit. Pas. 117b.   Il
> li vol faire mult amet. ‖ Bewre li rova a porter. ‖‖ Garda si vid grand
> claritet. ‖ De cel vindre; fud de par deu. Le. 34b, 36d.   Un compte i
> oth. Pres en l'estrit. ‖ Ciel eps num avret Ewrui. ‖‖ Ne vol reciwre
> Chielperin, ‖ mais li seu fredre Theoiri. 10b, 24b.

335] (IV) Die durch den Asspschl. geschiedenen Satzganze
stehen gewöhnlich unverbunden neben einander.

Sind sie durch Beiordnungspartikeln mit einander verknüpft, so haben sie immer verschiedenes Subjekt (cf. Anmerk.
zu § 13):

> *quar*: Li toi caitiu pei totas gens ‖ menad en eren a tormens; ‖‖
> quar eu te fis, num cognoguist; ‖ salvar te ving, num receubist. Pas. 17b,
> 70b.   Domine deu il cio laisat ‖ et a diable comandat; ‖‖ quar donc
> fud miels et a lui vint. ‖ Il voluntiers semper reciut. Le. 22b.
>
> *mais*: Bespondet l'altre: »mal i dix. ‖ El mor a tort, ren non fors-
> fes; ‖‖ mais nos a dreit per colpas granz ‖ esmes oi di en cest ahans.
> Pas. 73b, 66b.   Quandius in ciel monstier instud ‖ ciol demonstrat, amix
> li fust; ‖‖ mais enavant vos cio aures ‖ cum ill edrat por mala fid. Le. 19d.
>
> *et*: Et cum ases l'ont escarnid, ‖ dunc li vest[ir]ent son vesti(men)t;
> ‖‖ et el medeps si pres sa crus, ‖ avan tos vai a passiun. Pas. 64b, 95b.
> Cio sempre fud et ja si er ‖ qui fai lo bien laudas enn er; ‖‖ et sans
> Letgiers sempre fud bons, ‖ sempre fist bien oque el pod. Le. 7b, 29b, 29d,
> 1d, 31b, 14b, 15d, 24d, 36b, 11b, 21b, 30b.

336] 2) eine Parenthese und der sie umschliessende
Satz:

Die Fälle sind bereits § 236 aufgeführt; es sind Pas. 4a,
5a, 59a.

337]   II. Teile eines Satzganzen.

Dehnt sich ein Satzganzes auf zwei Assonanzpaare aus, so
umfasst es dieselben in der Regel ganz. Es kann aber auch
in der Mitte eines Assonanzpaares beginnen oder endigen,
wenn der in diesem stehende Teil des Satzganzen ein Hauptsatz ist, und der Rest des Assonanzpaares von einem oder
zwei selbständigen Sätzen eingenommen wird.

A) Sätze, welche einander koordiniert sind:

1) Zwei vollständige Hauptsätze:

Dieselben können ebenso eng mit einander zusammenhängen
wie die innerhalb der Assonanzpaare stehenden Sätze:

> E llos alquanz fai escorter, ‖ alquanz en fog viva trebucher, ‖‖ et
> en gradiliels fai toster, ‖ alquanz a ppetdres lapider. Pas. 124b.   Sanct

Pedre sols venjiar lo vol, ‖ estrais lo fer que al las og, ‖‖ si consegued
u serv fellon. ‖ La destre aurelia li excos. 40b. Perfectus fud in
caritet. ‖ Fid aut il grand et veritiet, ‖‖ et in raizons bels oth ser-
mons. ‖ Humilitiet oth per trestoz. Le. 6d. Garda si vid grand olari-
tet. ‖ De cel vindre, fud de par deu, ‖‖ (et) si cum roors in cel es
granz, ‖ et si cum flammu'es clar arda[n]z. 84d. Il l'exaltat e l'onorat; ‖ Sa
gratia li perdonat, ‖‖ et hunc tam bien que il en fist, ‖ de Hostedun
evesque en fist. 8d. *(Der dritte Vers ist korrumpiert.)*.

338]   2) Zwei vollständige Nebensätze (Relativsätze):

Das Bestimmungswort und der erste Relativsatz füllen das
erste Assonanzpaar, der zweite Relativsatz nimmt das zweite
Assonanzpaar ein:

O deus vera, rex Jhesu Crist, ‖ oi tal don fais per ta mercet, ‖‖ chi
per hun(n)a confession ‖ vide perdones al ladrun. Pas. 76b.

339] B) Sätze, welche einander subordiniert sind:

1) Direkte Rede und der dieselbe einführende Satz:

Dieser steht im ersten, jene im zweiten Assonanzpaar:

Während der einführende Satz gewöhnlich nur einen Vers
umfasst, füllt die direkte Rede das 2. Assonanzpaar immer
ganz. Meistens schliesst sie mit demselben ab (A). Ist dies
nicht der Fall, so endigt sie immer am Schlusse einer Strophe (B).

a. Der einführende Satz ist von der direkten Rede durch
eine Parenthese getrennt:

ad A: Ensems crident tuit li fellunt ‖ — antro en cel en van las
voz —: ‖‖ »Si tu laisas vivre Jhesum, ‖ non es amics l'emperador.«
Pas. 59b.

340] b. Der einführende Satz geht der direkten Rede unmittelbar vorauf:

Er umfasst:

α) Das ganze 1. Assonanzpaar:

ad A: Respon li bons, qui non mentid, ‖ chi en epsa mort semper
fn pius: ‖‖ »Eu t'o promet, oi en cest di ‖ ab me venras in paradis.«
Pas. 75b. Cum si l'aut toth vituperet, ‖ dist Ewruins, qui tan fud miels:
‖‖ »Hor a pordud domdeu parlier. ‖ Ja non podra mais deu laudier.«
Le. 27d.

341] β) nur die zweite Hälfte oder den Schluss desselben:

ad A: Envers Jhesum sos olz to[r]ned, ‖ si piament lui appelled:
‖‖ »De met membres per ta mercet, ‖ cum tu vendras, Crist, an ton ren.«
Pas. 74b. »Tu eps l'as deit« respon Jhesus. ‖ Tuit li fellon crident
adun: ‖‖ »Major forsfait que i querem! ‖ Per loi medeps audit l'avem.«
46b. Cil Laudebers qual horal vid, ‖ tornes als altres si llor dist: ‖‖
»Ciest omne tiel mult aima deus, ‖ por cui tels causa vin de ciel.«
Le. 85b.

342] *ad* B: Sus en la peddre (l)[uns]angel set ‖ si parlet a las femnes, dis: ‖‖ »Vos neient ci per que crement, ‖ que Jhesum Christ(is) ben requeret. *(Die direkte Rede umfasst noch die beiden nächsten Strophen)* 101b.

343] Anmerkung. Direkte Rede, welche sich auf zwei oder mehrere Assonanzpaare erstreckt, kann auch innerhalb desselben Assonanzpaares beginnen, in welchem der einführende Satz steht.

Die Beispiele sind schon § 259, 261 und 262 aufgeführt; es sind Pas. 38a, 109a, 58a, Le. 16a.

344] **2) Hauptsatz und Nebensatz:**

Letzterer kann sein:

a. ein Objektssatz:

Derselbe umfasst immer ein ganzes Assonanzpaar, während der voraufgehende Hauptsatz nur Verslänge hat:

Davant l'ested le pontifex ‖ si conjuret per ipsum deu, ‖‖ qu'el lor dissets per pura fied, ‖ ai vers Jhesus, fils deu est il. Pas. 45b. Mel e peisons equi manget. ‖ En veritad los confirmet, ‖‖ sa passions peisons tostas, ‖ lo mels signa [sa] deitat. 111b. Il se fud morz. Danz i fud granz ‖ Cio controverent baron franc, ‖‖ por cio que fud de bona fiet, ‖ de Chielperig feissent rei. Le. 9d.

345] **b. ein Adverbialsatz:**

α. Hauptsatz — Adverbialsatz:

(1) Jeder von beiden nimmt mit etwaigen zugehörigen Nebensätzen ein ganzes Assonanzpaar ein:

En pas quel vidren les custod(es), ‖ si s'espauriren de pavor ‖‖ que quaisses morz a terra vengren ‖ de gran pavor que sobl'el[s] vengre. Pas. 100b. E dunc orar cum el anned, ‖ si fort sudor dunques suded, ‖‖ que cum lo sa[n]gs a terra curr[en] ‖ de sa sudor las sanctas gutas. 32b. Per sua grand humilitad ‖ Jesus rex magnes sus monted, ‖‖ si cum prophetes anz mulz dis ‖ canted aveien de Jhesu Crist. 7b. Quar anc non fo nul om carnals ‖ en cel enfern non fos anaz, ‖‖ usque vengues qui sens pecat ‖ per tos solses comuna lei. 96b. De pan et vin sanctificat ‖ tot sos fidels i saciet ‖‖ maisque Judas Escharioh, ‖ cui una sopa enflet lo cor. 25b.

346] (2) Der eine von beiden hat bloss Verslänge, nämlich

(a) der Hauptsatz:

Il lo reciut. Tam ben en fist. ‖ Ab u magistre semprel mist, ‖‖ qu'il lo doist bien de ciel savier ‖ don deu servier por bona fied. Le. 4d.

347] **(b) der Adverbialsatz:**

Es folgt ihm ein Relativsatz, dessen Beziehungswort im ersten Assonanzpaar steht:

Et per lo pan et per lo vin ‖ fort saccrament lor commandez ‖‖ per remembrar sa passiun, ‖ que faire rova a trestot. Pas. 24b.

(Doch ist wohl Vers d mit c zu vertauschen und dann gehört diese Strophe zu § 353).

348]   *β.* Adverbialsatz — Hauptsatz:

Der Adverbialsatz füllt der oben (§ 337) aufgestellten Regel gemäss immer das erste Assonanzpaar aus. Nur in dem Falle hat er bloss Verslänge, wenn er durch eine Parenthese, welche den 2. Vers des Assonanzpaares einnimmt, vom Hauptsatz getrennt wird.

Der Hauptsatz nimmt nur einmal das zweite Assonanzpaar ganz ein:

Cum el perveng a Golgota, ‖ davan la porta de la ciptat, ‖‖ dunc lor gurpit soe chamisae ‖ chi sens custurae fo faitice. Pas. 67b.

349] sonst umfasst er immer nur den 1. Vers desselben. Es folgt ihm dann ein gleichartiger koordinierter Satz, auf den der Adverbialsatz ebenfalls Bezug hat, nach:

A la ciptad cum aproismet ‖ et el la vid e l'asgarded, ‖‖ de son piu cor greu suspiret, ‖ de sos sanz ols fort lagrimez. Pas. 13b. Cum aproismed sa passiuns ‖ — cho fu nostra redemptions — ‖‖ aproismer vol a la ciutaz, ‖ afans per nos susteg mult granz. 4b, 5b.

350] Einmal bildet ein durch *quar* eingeleiteter Satz den Schluss des zweiten Assonanzpaares:

De quant il querent le forsfait ‖ cum il Jhesum oicisesant, ‖‖ non fud troves ne envengus; quar el forsfait no feist neul. Pas. 44b.

351] In einer fünf Verse aufweisenden Strophe der Pas. beginnt der Adverbialsatz erst mit dem 2. Vers:

Li soi fidel en son tornat. ‖ Al dezen jorn ja cum perveng, ‖ spiritus sanctus sobr'els chad. ‖ Deglodi(di)oent pentecostem ‖ sils enflamet cum fugs ardens. Pas. 119.

Ich beseitige den 1. Vers (und verwandle *perveng* und *chad* in *pervient* und *chiet*). Die Strophe gehört alsdann zu § 330.

352] *γ.* Der Adverbialsatz ist in den Hauptsatz eingeschoben:

Er nimmt in diesem Falle immer einen ganzen Vers ein:

(1) Er endigt mit dem ersten Assonanzpaar:

Alsdann nimmt der Hauptsatz mit einem ihm folgenden koordinierten Satz den Rest der Strophe ein:

Et a cel di que disen pasches, ‖ cum la cena Jesus oc faita, ‖‖ el susleved del piu manjer, ‖ as sos fedels laved lis ped. Pas. 28b, 98b.

353] (2) Er beginnt mit dem zweiten Assonanzpaar:

Alsdann umfasst der Hauptsatz den folgenden Vers, sowie das vorhergehende Assonanzpaar:

Christus Jhesus, qui deus es vera, ‖ qui semper fu et semper es, ‖‖ ja fos la chans de lui aucise, ‖ regnet pero cum ans se feira. Pas. 93b.

354]   c. ein Attributivsatz:
                            α. Hauptsatz — Attributivsatz:
Es finden sich nur zwei Fälle und zwar in Pas.

In beiden ist der Attributivsatz ein erläuternder Relativsatz. Das eine Mal füllt derselbe das zweite Assonanzpaar ganz aus:

Ans petis dis que obo fus fait ‖ Jhesus lo Laoer suscitet, ‖‖ chi quatre dis en moniment ‖ jagud aveie tos pudens. 8b.

355] Das andere Mal umfasst er nur den 1. Vers desselben. Den 2. Vers nimmt der Nachsatz der Periode ein:

Cum co audid tota la gent ‖ que Jhesus ve, lo reis podens, ‖‖ chi eps lo[s] mors fai se revivere, ‖ a grand honor en contraxirent. 9b.

356] β. Der Attributivsatz ist in den Hauptsatz eingeschoben: Auch hier begegnen nur zwei Beispiele.

In beiden endigt der Zwischensatz mit dem 1. Assonanzpaar, wobei er einmal 1¹/₂, einmal 1 Vers einnimmt. Der Hauptsatz füllt mit weiteren Nebensätzen den Rest des 1. und das 2. Assonanzpaar.

Der Attributivsatz ist ein erläuternder Relativsatz:

Pas. 93b a. § 353.

357] Der Attributivsatz ist ein determinierender Relativsatz:

Apres ditrai vos dels sans ‖ que li suos corps susting si grans, ‖‖ et [d']Ewruins, cil deu mentis, ‖ que lui a grand torment occist. Le. 2d.

358]   B. Einzelne Satzteile.

Dieselben sind stets durch Nebensätze von einander getrennt.

                a. Zwei koordinierte adverbiale Bestimmungen:
Le. 2d a. § 357.

359]   b. Subjekt und Prädikat:
Pas. 93b a. § 353.

360]   c. Adverbiale Bestimmung und Verbum:
Pas. 93b und 96b a. § 352.

Vierter Abschnitt:

Syntax des Strophenschlusses (= Strschl.).

Durch den Strschl. werden niemals Glieder eines einfachen Satzes von einander getrennt, sondern immer nur vollständige Sätze und zwar

I. Zwei verschiedene Satzganze:

Dieselben stehen immer selbständig neben einander.

Abgesehen von drei in Pas. vorkommenden Fällen, die weiter unten aufgeführt sind, endigt mit jeder Strophe ein Satzganzes.

362] (I) Die am Schluss der Strophe eintretende Sinnespause ist im Verhältnis zu Pausen im Innern derselben im allgemeinen eine sehr erhebliche, und der innere Zusammenhang einer Strophe demgemäss ein weit engerer als der Zusammenhang zwischen ihr und der folgenden, resp. der vorhergehenden. Daher heben sich die Strophen inhaltlich scharf von einander ab, und es bildet jede einzelne eine stark ausgeprägte Einheit des Sinnes.

363] Nur an Stellen lebhafterer Darstellung, wo eine Schilderung einzelner Vorgänge oder eine Aufzählung einzelner Fälle stattfindet, kommt es zuweilen vor, dass die Pause am Schluss einer Strophe auch nicht stärker ist als eine Pause im Innern dieser oder der folgenden Strophe. Diese Erscheinung findet sich jedoch nur in Pas.:

Cum de Jhesu l'anma'n anet, ‖ tan durament terra crollet: ‖‖ Roches fendient, chedent munt. ‖ Sepulcra sans obrirent mult. ‖‖‖ Et mult corps sans en sun exit, ‖ et inter omnes sunt vedud. ‖‖ Qui in templum dei cortine pend ‖ jusche la terra per mei fend. 81—82, *ferner* 123—124. Lo nostrae seindrae en eps cel di ‖ vedux furae veiades cinc: ‖‖‖ Primeral vit sancta Mariae ‖ de cui sep diables forsmedre. ‖‖‖‖ Empres lo vidren celles duaes, ‖ del munument cum se retornent. ‖‖‖ Petdres lo vit en eps cel di. ‖ Ab lui parlet sil conjaudit. 105—106.

364] In Pas. erscheint der einheitliche Charakter der Strophe auch zuweilen dadurch beeinträchtigt, dass am Ende derselben Sätze stehen, welche sich zu einem längeren, unmittelbar voraufgehenden Abschnitt der Erzählung als Grund oder Folge verhalten:

Venrant li an, venrant li di, ‖ ques t'assaldran toi inimic. ‖‖‖ Il tot entorn t'arberjaran ‖ et a terra crebantaran. ‖‖‖‖ Los tos enfanz qui in te sunt ‖ a males penas aucidrant. ‖‖‖ En tos bels murs, en tas maisons ‖

pedras sub altre non laiserant. |||| Li toi caitiu per totas genz || menad
en eren a tormenz; ||| qunr eu te fiz, num cognoguist; || salvar te ving,
num recoubist. 15—17; *ferner*: Non fud assaz anc als felluns: || Davant
Pilat trestuit en van: ||| »Nos te praeiam per ta mercet, || gardes i met,
non sia emblez. |||| Quar el zo dis que resurdra || et al terz di viva
pareistra. ||| Embla(r)[t] l'auran li soi fidel. || A toz diran que revisquet.
|||| Granz en avem agud errors. || Or en aurem pece majors.« ||| Armas
vassalz dunc lor livret. ||| Lo monument lor comandet. 90—92.

365] (II) Nicht selten werden zwei Strophen durch beiordnende Konjunktionen mit einander verbunden, doch gewöhnlich
nur dann, wenn der die zweite Strophe beginnende Satz ein
anderes Subjekt hat als der vorhergehende.

So kann die zweite Strophe beginnen mit:

mais: »Eu soi aquel«, zo dis Jhesus. || Tuit li felun cadegrent jos.
||| Terce vez lor o demanded. | A totas treis chedent envers. ||| Mais li
felun, tuit trassudad, || vers nostre don son aproismad. ||| Judas li vel en-
senna fei: || »Celui prendet cui bassarai.« Pas. 85—86; *ferner* 84—85.

quar: Nos cestes pugnes non avem. || Contra nos eps pugnar devem.
||| Fraind[r]e devem nos(trae) voluntaz, || que part ajam ab (nos) deu
fidels. |||| Quar finimunz non es mult lon, || et regnum deu fortment es
prob. ||| Drontre nos lez, facam lo ben, || gurpissem mund et som peccad.
Pas. 126—127; *ferner* 90—91, 95—96 (*vielleicht auch* 93—94).

et: Sus en u mont donches montet || que Holivet numnat vos ai. |||
Levet sa man sil benedis. || Vengre la nuvole sil collit. |||| E lor vedent
montet en cel. || Ad dextris deu Jhesus (e)s[e]set. ||| D'equi venra tos
judicar. || A toz rendra e ben e mal. Pas. 117—118; *ferner* 81—82. Le.
4—5, 17—18, 18—19, 20—21, 38—39.

Auch wenn mit der Strophe ein ganz neuer Abschnitt der
Erzählung anhebt, kann dieselbe durch *et* mit der vorhergehenden verknüpft sein:

Pas. 22—23, 69—70. Le. 31—32, 36—37.

366] Fälle, in denen zwei durch den Strschl. getrennte Sätze
mit gleichem Subjekt durch Beiordnungspartikeln mit einander
verbunden sind, finden sich nur in Pas. Als beiordnende Konjunktion begegnet nur *et*:

Granz fu li dols, fort marrimenz, || si condormirent tuit ades. |||
Jhesus, cum veg, los esveled, || trestoz orar bein los manded. |||| E dunc
orar cum el anned, || si fort sudor dunques suded, ||| que cum lo sa[n]gs
a terra curr[en] || de sa sudor las sanctas gutas. 31—32; *ferner*: A sos
fidel quaranta dis || per mulz semblans [aparegues]: ||| Ensembl'ab els
bec e manjed. || De regnum deu semper parlet. |||| E per es mund roal[s]
allar, || toz babzizar in trinitad. ||| Qui lui credran, cil erent salv; || qui
nol credran, seran damnat. 113—114; *ferner*: 63—64, 23—24, 123—124[1]).

---

1) Da in den vier letzten Beispielen das Subjekt im zweiten Satz
nicht ausgedrückt ist, so dürfte derselbe nach der § 13 aufgestellten Norm
strenggenommen nicht als besonderes Satzganze angesehen werden. Ich
betrachte ihn jedoch als solches, weil er mit dem vorhergehenden Satz
nur locker zusammenhängt.

367] II. Teile eines Satzganzen:

A) Sätze, welche einander weder koordiniert noch subordiniert sind:

Hierher gehört nur Pas. 76—77, wo die erste Strophe von einem elliptischen, die zweite von zwei zugehörigen vollständigen Sätzen gefüllt wird:

O deus vera, rex Jhesu Christ, ‖ ci tal don fais per ta mercet, ‖‖ chi per hun(u)u confession ‖ vide perdones al ladrun! ‖‖ Nos te laudam et noit e di: ‖ De nos aies vera mercet. ‖‖ Tu nos perdone cels pecas ‖ que nos vetdest t(u)a pietad.

368] **B) Sätze, welche einander subordiniert sind:**

1) Zwei Hauptsätze, von denen der eine das Objekt zu dem andern bildet:

Der übergeordnete steht am Schlusse der ersten Strophe, der untergeordnete füllt die zweite:

Femnes lui van detras seguen. ‖ Ploran lo van et gaimentan. ‖‖ Jhesus li pius redre garde(r)[t]. ‖ Ab les femnes pres a parler: ‖‖‖ »Audez, fillies Jerusalem! ‖ Per me non vos est ob plorer; ‖‖ mais per vos et per vostres fils ‖ plorex assax; qu'i obe vos es.« Pas. 65—66.

369] Anmerkung. Es können auch mehrere Strophen durch direkte Rede mit einander verbunden sein. Diese Erscheinung findet sich jedoch nur in Pas., wo sie dreimal vorkommt.

Das eine Mal beginnt die direkte Rede am Anfang einer Strophe und endigt am Schluss einer andern:

»Hierussalem, Hierussalem! ‖ gai te«, dis el, »per tos pechet. ‖‖ Pensar non vols, pensar nol pos. ‖ Non t'o permet tos grans orgols. ‖‖‖ . . . . Li toi caitiu per totas gens ‖ menad en eren a tormens; ‖‖ quar eu te fis, num cognoguist; ‖ salvar te ving, num recembist.« 14—17.

Das zweite Mal beginnt sie in der Mitte einer Strophe und endigt am Schluss einer andern:

Sus en la peddre [uns](l)angel set ‖ si parlet a las femnes, dis: ‖‖‖ »Vos neient ci per que crement, ‖ que Jhesum Christ(is) ben requeret. ‖‖‖ . . . . . A sos fidel tot annuncias, ‖ mas vos Petdrun noi oblides. ‖‖‖ En Galilea avant en vai. ‖ Allol vetran o dit lor ad.« 101—103.

Das dritte Mal beginnt sie in der Mitte einer Strophe und endigt in der Mitte einer andern:

Non fud assas anc als felluns. ‖ Davant Pilat trestuit en van: ‖‖‖ »Nos te praeiam per ta mercet, ‖ gardes i met, non sia embles. ‖‖‖‖ Quar el zo dis que resurdra ‖ et al lers di vius pareistra. ‖‖‖ Embla[f](r) l'au- ran li soi fidel. ‖ A tos diran que revisquet. ‖‖‖‖ Grans en avem agud er- rors. ‖ Or en aurem pece majors.« ‖‖‖ Armas vassals dunc lor livret. ‖ Lo monument lor comandet. 90—92.

370] 2) Hauptsatz und Nebensatz:

Die erste Strophe enthält zwei Hauptsätze, die zweite zwei zu denselben gehörige koordinierte Adverbialsätze:

Christus Jhesus, qui man en sus! || Mercet ajas de pechedors; ||| en
tals raison siam mespraes, || per ta pitad lom perdones, |||| Te posche ret-
drae gratiae || davant to paire gloriae, ||| sans spiritum posche laudar, ||
et nunc per tot in saecula. Pas. 128—129.

Résumé

der verssyntaktischen Untersuchung, nebst kurzen Hinweisungen
auf die gleichen oder verschiedenen Verhältnisse des Zehnsilbers
im Alexius- und Rolands-Liede (Reissert)[1].

A. Sätze.

I. Zwei verschiedene Satzganze.

a. Selbständig nebeneinander stehende Satzganze folgen
niemals innerhalb eines Vsgl. aufeinander [ebenso bei Reissert]
und werden auch nicht oft [bei Reissert »häufig«] durch die
Cäsur geschieden (nämlich nur in 2,59 % Pas., resp. 4,35 % Le.
der Verse, in denen die vierte Silbe die letzte eines Wortes ist).
Bei Trennung zweier Satzganze durch die Cäsur nimmt jedes
derselben ein Vsgl. ein. Nur ausnahmsweise umfasst das erste
Satzganze ausser dem 1. Vsgl. noch den ganzen vorhergehenden
Vers [bei Reissert ist diese Erscheinung nicht selten], wenn
dieser die erste Hälfte des Assonanzpaares bildet (§§ 13—16). —
Der Versschluss innerhalb eines Assonanzpaares (= Vsschl.)
trennt in 34,5 % resp. 40 % der Assonanzpaare Satzganze von
einander, wobei letztere in der Regel je einen Vers umfassen.
Zuweilen nimmt das eine oder auch jedes von ihnen nur ein
Vsgl. ein, oder es umfasst das eine drei Verse (letzteres jedoch
nur unter der § 337 aufgestellten Bedingung). (§§ 228—235 und
§ 337). [Bei Reissert scheidet der Versschluss »in der Regel«
Satzganze]. —
Durch den Assonanzpaarschluss innerhalb einer Strophe
(= Asspschl.) werden in den meisten Fällen (79,8 %, resp.
87,5 %) Satzganze geschieden. Dieselben können beide Assonanzpaare ausfüllen; meistens haben sie jedoch geringeren
Umfang, doch dann hängen die innerhalb eines Assonanzpaares
befindlichen Satzganze enger mit einander zusammen als die
durch den Asspschl. getrennten (§§ 329—335). —

---

1) Die Vergleichung erstreckt sich naturgemäss nur auf die Cäsur
und den Versschluss.

Mit einer Strophe schliesst, abgesehen von drei Fällen, immer ein Satzganzes ab (§§ 361—366).

b. Eine Parenthese beginnt zweimal [bei R. »bisweilen«] nach der Cäsur, wobei sie einmal [bei R. nie] nur die Hälfte des 2. Vsgl., einmal [bei R. immer] dieses ganz umfasst (§§ 17, 18). — Sonst fängt sie immer mit dem 2. Vers eines Assonanzpaares an und schliesst mit demselben ab (§ 236). [Bei R. nimmt die Parenthese »öfter einen oder mehrere Verse ein«].

II. Teile eines Satzganzen, welche einander weder koordiniert noch subordiniert sind.

1) Ein elliptischer und ein vollständiger Satz folgen nur dann innerhalb eines Vsgl. auf einander, wenn der eine von ihnen auch das andere Vsgl. umfasst. [Bei R. können sich auch beide Sätze zusammen auf ein Vsgl. beschränken]. Es kommen nur zwei Fälle vor: in dem einen ist der elliptische Satz nach der Cäsur in den vollständigen eingeschoben (§ 20) [bei R. ist diese Erscheinung häufig], in dem andern folgt er diesem nach und nimmt die letzten sechs Silben des Verses ein (§ 21). [Bei R. begegnet kein Analogon]. — Eine Trennung der in Rede stehenden Sätze durch die Cäsur findet sich einmal (§ 19) [bei R. oft], durch den Vsschl. zweimal (§ 238) [R. giebt hierüber keine Auskunft], durch den Asspschl. nie. Jeder von ihnen füllt allein oder mit einem eingeschobenen Satz das betreffende metrische Glied ganz aus. — Einmal umfasst ein elliptischer Satz eine ganze Strophe, und zwei zugehörige vollständige Sätze nehmen die folgende Strophe ein (§ 367).

2) Teile einer Satzperiode, die in obigem Verhältnis zu einander stehen, werden nicht selten durch die Cäsur geschieden, wenn sie je ein Vsgl. umfassen (§§ 22 u. 23) [ebenso bei R.], nur ausnahmsweise [bei R. »nicht häufig«] durch den Vsschl. (§§ 239 u. 240), wenn jeder die Länge eines Verses hat, niemals durch den Asspschl. und niemals durch den Strschl.

III. Koordinierte Sätze.

Zwei koordinierte Sätze folgen niemals innerhalb eines Vsgl. auf einander. [Bei R. ist dies zuweilen der Fall]. — Oft werden sie durch die Cäsur geschieden, wobei dann jeder die Länge eines Vsgl. hat (§§ 24—34) [ebenso bei R.]. — Häufig besteht ein Assonanzpaar aus zwei koordinierten Sätzen, welche je einen Vers einnehmen. Zuweilen füllt der erste Satz nur das 2. Glied des 1. Verses, wenn im 1. Glied des letzteren ein gemeinsamer Haupt- oder Nebensatz steht. Sehr selten umfasst bei Verseslänge des ersten Satzes der zweite nur einen Teil des Verses; alsdann folgt ihm ein gleichartiger Satz, welcher mit dem Verse abschliesst, nach (§§ 241—257). [Im Alexius und Roland sind die Verhältnisse analog. Hier kann einer der beiden koordinierten Sätze auch zwei ganze Verse umfassen. Auch sind in diesen Gedichten die Fälle häufiger, in denen der zweite Satz schon in der Cäsur endigt. Zuweilen findet sich letztere Erscheinung auch dann, wenn der Rest des Verses nicht von einem gleichartigen Satz gefüllt wird]. – Nicht häufig werden koordinierte Sätze durch den Asspschl. geschieden, wobei sie die Assonanzpaare nicht immer füllen, aber mindestens Verseslänge haben (§§ 337 uud 338). — Niemals gehören zwei koordinierte Sätze verschiedenen Strophen an.

IV. Subordinierte Sätze.

1) Direkte Rede beginnt und endigt immer mit einem Vers (§§ 35—40, 258—262, 339—343, 368—369). Nur dann schliesst sie auch in der Cäsur eines Verses ab, wenn sie sich überhaupt nur auf diesen Vers erstreckt (§ 35). [Bei R. beginnt die direkte Rede auch sehr oft mit dem 2. Vsgl., mag sie nun mit demselben abschliessen oder im folgenden Vers fortgesetzt werden]. Dehnt sie sich auf zwei oder mehrere Assonanzpaare aus, so endigt sie immer am Schluss eines solchen (§§ 259, 261, 262, 342, 368, 369). Dass mehrere Strophen durch direkte Rede miteinander verbunden sind, kommt nur dreimal vor. In zweien dieser Fälle fällt das Ende der direkten Rede mit dem Strophenschluss zusammen (§ 369).

Geht der einführende Satz der direkten Rede vorauf, so füllt er gewöhnlich einen ganzen Vers (§§ 258, 259, 339, 341, 368) [bei R. auch sehr häufig nur das 1. Vsgl.], zuweilen ein ganzes Assonanzpaar (§ 340), selten nimmt er nur den Schluss eines Assonanzpaares ein, jedoch bloss dann, wenn ihm ein koordinierter Satz vorangeht (§§ 341 u. 342).

Folgt der einführende Satz, was selten der Fall ist, der direkten Rede nach, so nimmt er entweder das 2. Glied eines Verses [bei R. ist dieser Fall der ausschliesslich vorkommende] oder den 2. Vers eines Assonanzpaares ein (§§ 35, 260). Ist der einführende Satz in die direkte Rede eingeschoben, so erreicht er nie die Verseslänge. Abgesehen von einem Fall endigt er entweder in der Cäsur oder er beginnt nach derselben (§§ 36—40, 261—262) [ebenso bei R.].

2) Hauptsatz und Nebensatz:

a. Folgt der Nebensatz dem Hauptsatz nach, so beginnt er nicht innerhalb eines Vsgl., abgesehen von einem Fall, in

welchem der Hauptsatz die beiden ersten Silben des Verses,
der Nebensatz den Rest desselben einnimmt (§ 50). [Bei R.
pflegt der Nebensatz nicht innerhalb des 1. Vsgl. anzufangen.
Nicht selten beginnt er aber innerhalb des 2. Vsgl., wenn er
mit demselben abschliesst. Meistens ist der Nebensatz in diesem
Falle ein Attributivsatz, der seinem Determinativum unmittelbar folgt]. — Häufig [bei R. ebenfalls] beginnt der Nebensatz
nach der Cäsur und schliesst dann meistens [bei R. immer]
mit dem Vers ab. Wird er im folgenden Verse fortgesetzt,
was nur dann geschieht, wenn dieser der letzte des Assonanzpaares ist, so umfasst er denselben ganz (§ 45). Der in der
Cäsur endigende Hauptsatz hat gewöhnlich Vsgl.-Länge [bei
R. ebenfalls]. Er umfasst jedoch zuweilen auch 1 ¹/₂ Verse
(§ 60), wenn der Nebensatz ein Relativsatz ist und den Schluss
des Assonanzpaares einnimmt, und wenn das 1. Vsgl. des
2. Verses vom Determinativ des Relativsatzes gefüllt wird [bei
R. auch unter andern Umständen] (§§ 41—42, 44—45, 47—50,
57—60). — Der Vsschl. scheidet oft [ebenso bei R.] den Hauptsatz vom folgenden Nebensatz. Es ist dabei Regel, dass jeder
von beiden einen ganzen Vers einnimmt. [Bei R. kann der
Nebensatz auch mehrere Verse umfassen]. Der Hauptsatz beschränkt sich in seinem Umfang auch zuweilen auf das 2. Vsgl.
(§ 268), wenn ihm ein koordinierter [bei R. auch ein über-
geordneter] Satz vorhergeht (§§ 263—264, 266—269, 271—273,
282—286). — Nicht selten ist auch die Trennung von Haupt-
und folgendem Nebensatz durch den Asspschl. Der Nebensatz
pflegt das Assonanzpaar auszufüllen, während der Hauptsatz
oft nur eine Vers umfasst (§§ 344—347, 354—355). — Einmal
finden sich die in Rede stehenden Sätze auch durch den
Strophenschluss getrennt: Zwei Hauptsätze füllen die eine und
zwei zu denselben gehörige koordinierte Adverbialsätze die
andere Strophe (§ 370).

 b. Geht der Nebensatz dem Hauptsatz vorher, so beginnt
dieser nie [ebenso bei R.] innerhalb des 1. Vsgl. und nur einmal [bei R. höchst selten] innerhalb des 2. Vsgl. (§ 53), in
welchem Falle er mit demselben abschliesst. — Häufig scheidet
die Cäsur beide Sätze, welche dann immer je ein Vsgl. einnehmen [ebenso bei R.] (§ 43, 46, 51—53, 61). — Werden sie
durch den Vsschl. getrennt, so hat der Nebensatz fast immer
Verslänge [bei R. nimmt er zuweilen auch mehrere Verse ein],
während der Hauptsatz ebenfalls einen ganzen Vers [bei R.
oft auch mehrere Verse], zuweilen aber nur ein Vsgl. (§ 277),
einmal drei Verse (§ 275) umfasst (§§ 265, 274—277). — Auch
durch den Asspschl. kann der Vorder- vom Nachsatz getrennt
werden. Jener nimmt dann ein ganzes Assonanzpaar ein,

während dieser gewöhnlich nur einen Vers umfasst, dann aber einen koordinierten Satz hinter sich hat, der mit dem Assonanzpaar abschliesst (§§ 348—350). — Vorder- und Nachsatz gehören nie verschiedenen Strophen an.

c. Ist der Nebensatz in den Hauptsatz eingeschoben[1]), so nimmt er entweder das Ende des 1. Vsgl. (§§ 56, 64) ein, oder das 2. Glied des 1. Verses (§§ 22, 54, 62, 63) oder die letzten sechs Silben dieses Verses (vom Schlussaccent desselben ab gerechnet) (§§ 65, 279), selten den ganzen 1. Vers (§ 278) oder den ganzen 2. Vers (§ 352); ausserdem s. § 55. Der umschliessende Hauptsatz beginnt immer mit einem Vers und endigt mit einem solchen.

B. Einzelne Satzteile.

Einzelne Satzteile treten nie getrennt von einander in verschiedenen Strophen auf.

I. Satzteile, welche einander weder koordiniert noch subordiniert sind.

Ein Vsgl. besteht oft [bei R. ebenfalls] aus Satzteilen, die sich nicht direkt auf einander beziehen (§§ 108, 110, 111, 120, 121 etc.). — Nicht selten [ebenso bei R.] ist auch ein ganzer Vers mit derartigen Satzteilen angefüllt, wobei aber keiner aus einem Vsgl. ins andere übergreift (§§ 66—73). — Niemals [im Alexius und Roland je einmal] finden sich aber in einem Assonanzpaar solche Satzteile vereinigt, ohne dass in demselben das logische Bindeglied genannt ist (§ 288).

II. Koordinierte Satzteile

stehen zuweilen [bei R. im 2. Vsgl. verhältnismässig häufiger] in einem Vsgl. zusammen (§§ 79, 87, 102, 183, 185, 189 etc.). — Oft sind sie durch die Cäsur getrennt, wobei der Satzteil, auf den sie sich gemeinsam beziehen, innerhalb oder ausserhalb des Verses stehen kann. Das Uebergreifen eines derselben über die Cäsur ist vermieden (§§ 74—83) [ebenso bei R.]. — Durch den Vsschl. und den Asspschl. finden sich koordinierte Satzglieder bloss je einmal geschieden, wobei das von dem übrigen Teil des Satzes abgetrennte Satzglied in letzterem Falle ein ganzes Assonanzpaar, in ersterem zusammen mit einem weiteren

---

1) Dieser Fall wird von R. nicht besonders betrachtet; darum ist hier eine Vergleichung unmöglich.

koordinierten Satzglied einen ganzen Vers einnimmt (§§ 289, 358). [Bei R. scheidet der Vsschl. sehr oft koordinierte Satzglieder. Das von dem übrigen Teil des Satzes abgetrennte Satzglied füllt allein oder mit weiteren koordinierten Satzgliedern in der Regel einen ganzen Vers].

III. Subordinierte Satzteile[1]).

Die Wörter, welche zusammen ein Vsgl. bilden, hängen in der Regel von einander ab [ebenso bei R.]. —

1) Zwischen subordinierten Satzteilen, welche durch einen metrischen Einschnitt von einander getrennt sind, befinden sich oft eingeschobene Sätze, die vor demselben endigen oder nach demselben beginnen. Bei Trennung durch die Cäsur begegnet diese Erscheinung selten [bei R. ebenfalls] (nämlich in Pas. unter 316 Fällen nur 6mal, in Le. unter 137 blos einmal) (§§ 84, 36—88, 90—92). — Häufig [bei R. noch häufiger] findet sich dieselbe aber bei Trennung durch den Vsschl. (in Pas. unter 55 Fällen 16mal, in Le. unter 18 Fällen 9mal) (§§ 290—298). — Von einander abhängige Satzteile, welche verschiedenen Assonanzpaaren angehören — dies ist in Pas. nur dreimal, in Le. nie der Fall —, sind stets durch Zwischensätze geschieden (§§ 359 - 360).

Das durch die Cäsur oder den Vsschl. oder den Asspschl. von dem übrigen Teil des Satzes abgetrennte Satzglied füllt allein oder zusammen mit dem eingeschobenen Satz das eine Vsgl., beziehungsweise den 1. Vers, beziehungsweise das eine Assonanzpaar, während der Rest des Satzes allein oder zusammen mit dem eingeschobenen Satz das andere Vsgl., beziehungsweise den 2. Vers, beziehungsweise das andere Assonanzpaar einnimmt (zweimal umfasst er nur die Hälfte des letzteren). [Das von der Cäsur und dem Versschluss Gesagte ist auch bei R. Regel].

In Pas. besteht das 1. Vsgl. zuweilen aus einem Satzteil, welcher der einleitenden Konjunktion des Satzes, dem er angehört, vorangeht (§§ 85, 89, 92—94). [Auch bei R. finden sich vereinzelt solche Fälle].

2) Die Cäsur- und die Vsschl.-Pause fallen oft [bei R. ebenfalls] mit einer Appositionspause zusammen, sei es, dass durch den metrischen Einschnitt eine Apposition von ihrem Beziehungsworte getrennt wird, oder dass vor ersterem ein von einer Apposition begleitetes Satzglied endigt, welches von einem jenseits des metrischen Einschnittes stehenden Worte abhängt. Das abgetrennte Satzglied pflegt das ganze Vsgl., resp. den

---

1) Cf. S. 21 Anmkg.

ganzen Vers auszufüllen (§§ 95—101, 299—305). [Bei R. kann die Apposition auch mehrere ganze Verse einnehmen].

3) Subordinierte Satzteile, zwischen denen sich keine Satz- oder Appositionspause befindet, treten, wie oben bemerkt, niemals in verschiedenen Assonanzpaaren auf (§§ 359—360). — Auch werden sie nicht oft durch den Vsschl. geschieden (in Pas. in 12,8 %, in Le. in 3,3 % der Assonanzpaare) (§§ 306—328). — Sehr häufig dagegen ist die Trennung derselben durch die Cäsur (sie findet sich in Pas. in 67,8 %, in Le. in 62,8 % der Verse, in denen die Cäsur am Schluss eines Wortes eintritt) (§§ 102—227). [R. giebt leider keine Zahlen an; doch scheint im Alexius und Roland der Procentsatz für den Vsschl. ungefähr der gleiche, für die Cäsur aber bedeutend niedriger zu sein, als der Mittelprocentsatz unserer Gedichte].

a. Vollständige Satzglieder.

Das Verbum, von welchem ein anderes Satzglied durch die Cäsur oder den Vsschl. geschieden wird, füllt mit etwaigen adverbialen und prädikativen Bestimmungen und bisweilen auch mit dem Subjekte das betreffende Vsgl. oder den betreffenden Vers immer [bei R. meistens] ganz aus. (Eine Ausnahme s. § 328).

Die einzige Satzgliedart, welche sich durch den Versschluss ziemlich häufig vom Verbum geschieden findet, ist eine aus einem präpositionalen Ausdruck bestehende adverbiale Bestimmung [bei R. begegnet auch nicht selten die Trennung von Subjekt und Verbum]. Folgt die adverbiale Bestimmung dem Verbum nach, so hat sie stets [bei R. in der Regel] Verslänge. Geht sie aber dem Verbum voran, in welchem Falle dieses gewöhnlich nicht an der Spitze des 2. Verses steht [bei R. beginnt der 2. Vers alsdann auch häufig mit dem Verbum], so umfasst sie den 1. Vers nicht immer ganz, nimmt aber mindestens die drei letzten Silben desselben (bis zum Schlussaccent gerechnet) [bei R. mindestens das 2. Vsgl.] ein (§§ 311—323, 325—228). — Nur vereinzelt begegnet die Trennung eines Subjektes oder Objektes vom Verbum durch den Vsschl., wobei das Objekt immer einen ganzen Vers, das Subjekt in einigen Fällen auch nur ein Vsgl. umfasst. [Bei R. nimmt auch das Objekt zuweilen nur ein Vsgl. ein] (§§ 306—310, 324).

Die durch die Cäsur vom Verbum geschiedenen Satzglieder: Subjekt, Objekt, adverbiale Bestimmung (diese ist meistens ein präpositionaler Ausdruck, zuweilen ein Accusativ der Zeit, selten ein Dativ, zuweilen ein Adverbium) und Prädikatsnomen nehmen jedes in der Regel ein ganzes Vsgl. ein [bei R. ebenfalls, doch sind bei ihm die Fälle, in denen das 2. Vsgl. von dem abgetrennten

Satzglied nicht ausgefüllt wird, verhältnismässig häufiger als
bei uns]. Befindet sich das Verbum im 1. Vsgl., so bildet es
gewöhnlich den Schluss desselben [bei R. steht es auch häufig
am Anfang oder im Innern]; befindet es sich aber im 2. Vsgl.,
so steht es in der Mehrzahl der Fälle nicht an der Spitze des
letzteren. [Bei R. ist in diesem Fall keine Tendenz für die
Stellung des Verbums bemerkbar] (§§ 102—141, 156—170,
172—200).

Von den in der Cäsur stehenden betonten Satzgliedern,
welche dem Verbum vorangehen, haben das Subjekt und Objekt nie weniger als 2 Silben (§§ 102—108, 156—158, 172—175,
114—121, 159—161, 185—188). Die adverbiale Bestimmung
umfasst einmal nur eine Silbe, aber in dem betreffenden Verse
ist vor derselben keine Unterbrechung der Rede möglich, da
ihr ein Relativpronomen vorangeht (§ 170). Das Prädikatsnomen sinkt nie unter den Umfang von drei Silben herab
(§§ 141). [Bei R. ist der geringste Umfang des Subjektes 1 Silbe (in diesem Umfang nur einmal vorkommend),
das Objektes 2 Silben, der adverbialen Bestimmung 2 Silben
und des Prädikatsnomens 1 Silbe (nur einmal einsilbig vorkommend)].

Folgen die genannten Satzglieder dem Verbum nach und
beginnen sie das 2. Vsgl., so kommt jedes von ihnen einsilbig
vor, und zwar Subjekt, Objekt, Prädikativ je einmal (§§ 181,
184, 200), adverbiale Bestimmung dreimal (§§ 124, 194). [Bei
R. ist das Minimum des Umfangs für jedes dieser Satzglieder
zwei Silben, es findet sich bei allen mehrere Male].

b. Teile eines Satzgliedes.

Die einzelnen Teile eines Satzgliedes treten niemals getrennt
von einander in verschiedenen Versen auf. [Bei R. scheidet
der Vsschl. nicht selten ein Substantiv von einem zugehörigen
präpositionalen Ausdruck]. — Wohl aber findet sich bisweilen
eine Trennung derselben durch die Cäsur:

α) Besteht ein Prädikat aus einem Verbum finitum und
einem Infinitiv (oder Gerundium), so tritt zuweilen zwischen
beiden Teilen die Cäsur ein, mögen dieselben nun unmittelbar
nebeneinander stehen oder nicht [ebenso bei R.]. Folgt der
Infinitiv dem verbum finitum nach, so pflegt er mit etwaigen
näheren Bestimmungen, die ihm meist vorausgehen [bei R.
folgen sie ihm auch ebenso häufig nach] das 2. Vsgl. zu füllen.
Folgt das verbum finitum dem Infinitiv nach, so nimmt es
meistens nur den Schluss des 2. Vsgl. ein (§§ 142—149, 171,
201—203).

β) Einige Male findet sich auch die Trennung des Hülfs-
verbs *uveir* [bei R. auch *estre*] von dem unmittelbar folgenden

Participium, wobei dieses das 2. Vsgl. nicht füllt (§§ 204—205); ausserdem s. §§ 150—152. [Bei R. füllt das Participium mit seinen näheren Bestimmungen auch zuweilen das 2. Vsgl. aus, in der Mehrzahl der Fälle sind jedoch bei ihm Hülfsverb und Participium durch andere Wörter von einander getrennt, was bei uns nur zweimal vorkommt].

γ) Bisweilen wird ein attributiver Genitiv von seinem Beziehungswort durch die Cäsur getrennt. Folgt er demselben nach, so pflegt er ein ganzes Vsgl. einzunehmen [ebenso bei R.] (§§ 153, 155, 207—211). Sehr selten [bei R. ebenfalls] begegnet die Trennung eines Adjektivs vom zugehörigen Substantiv. Steht das Adjektiv im 2. Vsgl., so nimmt es dasselbe immer ganz ein [bei R. einmal nur die beiden ersten Silben]; steht es im 1. Vsgl., was zweimal vorkommt, so füllt das Substantiv das 2. Vsgl. einmal aus, einmal umfasst es nur die Hälfte desselben. [Bei R. begegnet bloss ein Fall; in demselben nimmt das Adjektiv das 1. Vsgl., das Substantiv die drei ersten Silben des 2. Vsgl. ein] (§§ 154, 212—215).

δ) Einmal steht eine zweisilbige Präposition in der Cäsur, während die Wörter, zu denen dieselbe gehört, das 2. Vsgl. füllen (§ 216). [Bei R. findet sich niemals eine Präposition in der Cäsur.

Bisweilen [bei R. niemals] finden sich durch die Cäsur auch zwei Satzteile geschieden, von denen sich der eine proklitisch oder enklitisch an den andern anlehnt (§§ 217—227).

Anhang.

Textinterpretationen und -verbesserungen, welche hinsichtlich der Verssyntax unzulässig oder bedenklich erscheinen[1]):

I. Pas. 10b: dels olivers alaquant las branches] alquant dels olivers las branches. Ch. (D.[1]) — 64a: Et cum asez lont escarnid] Et cum l'ont escarnit asez. D.[1] — 95c: e li petit e li gran] et li petitet et li gran. D.[1] et tuit li petit et li gran. Ho.[1]

Diese Emendationen verstossen gegen das Gesetz, dass die vierte Silbe des Verses durch Wortton oder Wortschluss markiert sein muss (cf. §§ 4—12). Vers 95c emendiere ich: *e li petit e tuit li gran.*

II. Pas. 7b: Jesus rex magnes sus monted] Jesus reis magnes | est sus montes. Lü. — 100b: si sespauriren de pavor] s'espauriren | si de pavor. Pa.[1] — 101a: Sus en la peddre langel set] Sus en la peddre | li angel set. Pa.[1] (li angeles eist. Lü.)

Da die epische Cäsur dem Wesen des Achtsilbers widerspricht und sich sehr selten findet, so dürfte es bedenklich sein, eine solche durch Emendation einzuführen (cf. § 6).

III. Pas. 76a: O deus vers rex Jhesu Crist] O deus vers o rex Jhesu Crist. Bö.

Durch diese Emendation wird die Cäsur verwischt.

---

1) Positive Besserungsvorschläge gebe ich an Stelle der zurückgewiesenen bloss dann, wenn ich keiner andern bisher vorgeschlagenen Emendation zustimme. (Zu den von Koschwitz angeführten Emendationen kommen noch die von Stengel in seinem Wörterbuch, sowie die von Settegast, Ztschr. f. Rom. Phil. X, S. 170, gemachten hinzu). Zu Le. 16c sei hier eine der Assonanz halber erforderliche Besserung, welche Professor Stengel vorschlägt, erwähnt: *Meie eveschiet tenir nem leist* und zu der Rasur in Vers 15a bemerkt er, dass der ursprünglich geschriebene Text von Vers 20a einen interessanten Rückschluss auf die Beschaffenheit der Vorlage des Copisten gestattet. Dieselbe war, scheint es, eine einspaltige Hs. mit 30 Zeilen auf der Seite, denn es standen 5 Strophen auf jedur. Nur die erste Seite wird wegen eines Zierbuchstaben oder wegen beigefügter Noten lediglich 4 Strophen enthalten haben. Mit Vers 15a würde sonach die S. 4 begonnen haben und der Schreiber hätte statt ihrer Anfangszeile anfangs irrthümlich die der S. 5 abgeschrieben, weil dieselbe mit den gleichen Worten anhob. — Ebenso möchte Prof. Stengel Vers 28d des Sinnes halber lesen: *Por Dieu ne volt lei observer* (vgl. 12e), und Vers 84c-d der Assonanz halber: *Grand claritet vindre de c[i]el; Garda si vit, fud de par d[i]eu.*

IV. Pas. 110a: Fortment sun il espaventet (: carn)] F. il les | espaventat. Bö. — Le. 31a: La labia li restaurnt ‖ si cum desanz deu pres laudier] Les levres li | at restoret. Pa.' (Mey.) Ste.

Durch Emendation eine tonlose Silbe in die Cäsur zu bringen, dürfte bedenklich erscheinen. Eine Aenderung von Pas. 110a ist unnötig, da eine provenzalische Assonanz vorliegt. Um in Le. 31a eine richtige Assonanz herzustellen, schreibe ich für *laudier laudat* (cf. *preiar* für *preiat* Pas. 86a, *emblar* für *emblat* Pas. 91c) und fasse *pres* als Substantiv (= *pretium*). Für diese Emendation spricht auch der Umstand, dass in den ältesten Denkmälern der vom Verbum *prendre* abhängige Infinitiv nie ohne die Präposition *a* vorkommt (vgl. Ste. Wörterbuch S. 194).

V. Le. 5b: rendel qui lui lo comandat] rendit lo qui | lui l' comandat. Pa. (Mey.)

Das Relativpronomen steht niemals in der Cäsur.

VI. Pas. 96c: usque vengues qui sens pecat| usque qui sens | pechiet venist. Lü. — 126d: que part ajam ab nos deu fidels] qu'ajam part ab| los deu fedels. D.'

Eine einsilbige Präposition steht abgesehen von einem korrumpierten Vers (s. § 226) niemals in der Cäsur.

VII. Pas. 68b: mais aura sort an gitad] mais aura sort | en an gitad. Ho.'

Ein einsilbiges Objekt ist niemals durch die Cäsur vom folgenden Verbum getrennt.

VIII. Pas. 81d: sepulcra sans obrirent mult] sepulcra s'ans | . . Ho.' D.' Ba. — 100b: si sespauriren de pavor] de pavor si | s'espauriren. Pa.' — Le. 31f.: poble ben fist credre in deu] lo puople bien | fist creidre en Dieu. Pa. (Mey.) — 87d: occidre lo commandat] occidere donc | lo commandat. Mey.

Der Fall, dass in der Cäsur ein einsilbiges betontes Adverb steht, welches zum folgenden Verbum gehört, begegnet nur einmal, nämlich in Pas. 56: *Pilas que ans | l'en vol laisar*. In diesem Vers kommt aber die Cäsur mehr zur Geltung als in obigen Emendationen, weil sich in unmittelbarer Nähe keine stärkere Pause befindet.

IX. Pas. 19a: Los sos talant ta fort monstred ‖ (que grant pres pavors als Judeus)] L. s. t. | at fort monstred. Lü.

1) Das *ta* darf nicht getilgt werden, da in unsern Gedichten ein Konsekutivsatz stets ein Korrelat im Hauptsatze hat.

2) Wäre die Setzung von *at* für *ta* zulässig, so dürfte doch das 2. Vsgl. nicht mit *at*, sondern es müsste mit *fort* beginnen. Jedesmal nämlich, wenn das 2. Vsgl. aus einer zusammengesetzten Verbalform und einem andern betonten Satzteil be-

steht, befindet sich dieser am Anfang desselben: cf. *per que cest mund | tot a salvad* Pas. 1d, 69d; *de lor mantelz | ben l'ant parad* 6b, 94c, 23b, 53c, 68b.

X. Pas. 80b: Gehseamani viles nanez] G. | vil'enz alat. Lû. — 95c: e li petit e li gran] e li petit | tuit e li gran. Pa.¹ Lû. Ste.

Eine einsilbige Apposition wird niemals durch die Cäsur von ihrem Beziehungswort getrennt (s. §§ 95—99, vgl. auch Reissert §§ 521—532).

95c emendire ich *e li petit e tuit li gran.*

XI. Pas. 111d: (sa passions peisons tostaz |]) lo mels signa deitat]. Pa.¹ Lû. und Ste. schieben zu Anfang des 2. Verses *et* ein. Dann würde aber auf der dritten Silbe ein stärkerer Accent ruhen als auf der vierten Silbe. Ich bessere den 2. Vers zu: *lo mels signa | sa deitat* (cf. § 10).

XII. Pas. 64a: Et cum asez lont escarnid] Et escharnit | cum l'ont asez. Lû. — 110a: Fortment sun il espaventet] Espaventet | fortment sunt il. Lû.

Geht in einer zusammengesetzten Verbalform das Participium dem Hülfsverb voraus, so kann dieses von jenem nur durch tonlose Partikeln getrennt werden (cf. Völcker a. a. O. S. 27).

XIII. Pas. 14b: gai te dis el per tos pechet] por tos pechies, | dist il, wai tei | Lû.

Abgesehen von der unnatürlichen Wortstellung lässt sich gegen diese Emendation der Einwand machen, dass der Satz, welcher zur Angabe der sprechenden Person in die directe Rede eingeschoben ist, sehr selten den Anfang des 2. Vsgl. einnimmt. (Unsere Gedichte bieten zu wenig Fälle, aber cf. Reissert § 80, 166, 167, 288 u. S. 94).

XIV. Le. 8b: a curt fust sempre lui servist]. D.¹, Pa.¹ und Mey. setzen hinter *fust* ein Komma. Dann würde aber der Vers gegen die Regel verstossen, dass von zwei koordinierten Sätzen, welche einen Vers füllen, jeder ein Vsgl. einnehmen muss (s. §§ 24—34). (Ich lese daher mit Ste.: *a curt fust sempr' | e lui servist*).

XV. Le. 8e u. f.: et hunc tam bien que il en fist || de Hostedun evesque en fist] Et anc tant bien que il ent fist || De Ostedun evesque en Crist. Pa.¹

Ein nach der Cäsur beginnender Adverbialsatz schliesst immer mit dem Verse ab (cf. §§ 47—49, 54).

XVI. Pas. 91d: a tos diran que revisquet] que revesquit a tos diront. Lû. — 110b: Il li non credent que aja carn] qued aiet charn nol creident il. Lû.

Ein Substantivsatz mit *que* geht in den ältesten Texten nie dem regierenden Verbum vorher (cf. Ste. Wörterbuch S. 197 und 198).

XVII. Le. 29d: (et si el non ad ols carnels ‖) en corp los ad et-spiritiels] en corps, ols ad espiritiels. Ste.

Dass ein sich auf zwei Verse erstreckender Satz innerhalb des 1. Vsgl. endigt, kommt niemals vor.

XVIII. Pas. 119: Li soi fidel en son tornat ‖ al dezen jorn ja cum perveng ‖ spiritus sanctus sobrels chad ‖ deglodidicent pentecostem ‖ sils enflamet cum fugs ardenz.

Pa.[1], Lü. und Ste. (S. 99 Wörterb.) streichen den vierten Vers. Ste. stellt ausserdem den 2. und 3. Vers um. Beide Emendationen verstossen gegen die § 337 aufgestellte Regel. Ich beseitige den 1. Vers und schreibe für *perveng* und *chad pervient* und *chiet*. Die Strophe ist alsdann nicht nur syntaktisch regelmässig gebaut, sondern weist auch richtige Assonanzen auf.

Index der im Anhang besprochenen Verse:

Als Nachtrag zu Seite 1 sei hier die inzwischen erschienene Untersuchung von Stramwitz »Ueber Strophen- und Vers-Enjambement im Altfranzösischen«. Dissertation, Greifswald 1886, angeführt.

Marburg. Universitäts-Buchdruckerei (R. Friedrich).

www.ingramcontent.com/pod-product-compliance
Lightning Source LLC
Chambersburg PA
CBHW031446270326
41930CB00007B/891